海上絲綢之路基本文獻叢書

海上見聞録定本

〔清〕阮旻錫 撰

文物出版社

圖書在版編目（CIP）數據

海上見聞録定本 /（清）阮旻錫撰． -- 北京 : 文物出版社, 2022.6
（海上絲綢之路基本文獻叢書）
ISBN 978-7-5010-7544-7

Ⅰ．①海… Ⅱ．①阮… Ⅲ．①臺灣－地方史－史料－清代 Ⅳ．①K295.8

中國版本圖書館 CIP 數據核字（2022）第 065614 號

海上絲綢之路基本文獻叢書
海上見聞録定本

著　　者：〔清〕阮旻錫
策　　划：盛世博閱（北京）文化有限責任公司

封面設計：鞏榮彪
責任編輯：劉永海
責任印製：張　麗

出版發行：文物出版社
社　　址：北京市東城區東直門内北小街 2 號樓
郵　　編：100007
網　　址：http://www.wenwu.com
郵　　箱：web@wenwu.com
經　　銷：新華書店
印　　刷：北京旺都印務有限公司
開　　本：787mm×1092mm　1/16
印　　張：12
版　　次：2022 年 6 月第 1 版
印　　次：2022 年 6 月第 1 次印刷
書　　號：ISBN 978-7-5010-7544-7
定　　價：90.00 圓

總緒

海上絲綢之路，一般意義上是指從秦漢至鴉片戰争前中國與世界進行政治、經濟、文化交流的海上通道，主要分爲經由黄海、東海的海路最終抵達日本列島及朝鮮半島的東海航綫和以徐聞、合浦、廣州、泉州爲起點通往東南亞及印度洋地區的南海航綫。

在中國古代文獻中，最早、最詳細記載『海上絲綢之路』航綫的是東漢班固的《漢書·地理志》，詳細記載了西漢黄門譯長率領應募者入海『齎黄金雜繒而往』之事，書中所出現的地理記載與東南亞地區相關，并與實際的地理狀況基本相符。

東漢後，中國進入魏晉南北朝長達三百多年的分裂割據時期，絲路上的交往也走向低谷。這一時期的絲路交往，以法顯的西行最爲著名。法顯作爲從陸路西行到印度，再由海路回國的第一人，根據親身經歷所寫的《佛國記》（又稱《法顯傳》）一書，詳細介紹了古代中亞和印度、巴基斯坦、斯里蘭卡等地的歷史及風土人情，是瞭解和研究海陸絲綢之路的珍貴歷史資料。

隨着隋唐的統一，中國經濟重心的南移，中國與西方交通以海路爲主，海上絲綢之路進入大發展時期。廣州成爲唐朝最大的海外貿易中心，朝廷設立市舶司，專門管理海外貿易。唐代著名的地理學家賈耽（七三〇～八〇五年）的《皇華四達記》記載了從廣州通往阿拉伯地區的海上交通『廣州通夷道』，詳述了從廣州港出發，經越南、馬來半島、蘇門答臘半島至印度、錫蘭，直至波斯灣沿岸各國的航綫及沿途地區的方位、名稱、島礁、山川、民俗等。譯經大師義净西行求法，將沿途見聞寫成著作《大唐西域求法高僧傳》，詳細記載了海上絲綢之路的發展變化，是我們瞭解絲綢之路不可多得的第一手資料。

宋代的造船技術和航海技術顯著提高，指南針廣泛應用於航海，中國商船的遠航能力大大提升。北宋徐兢的《宣和奉使高麗圖經》詳細記述了船舶製造、海洋地理和往來航綫，是研究宋代海外交通史、中朝友好關係史、中朝經濟文化交流史的重要文獻。南宋趙汝適《諸蕃志》記載，南海有五十三個國家和地區與南宋通商貿易，形成了通往日本、高麗、東南亞、印度、波斯、阿拉伯等地的『海上絲綢之路』。宋代爲了加强商貿往來，於北宋神宗元豐三年（一〇八〇年）頒佈了中國歷史上第一部海洋貿易管理條例《廣州市舶條法》，并稱爲宋代貿易管理的制度範本。

元朝在經濟上採用重商主義政策，鼓勵海外貿易，中國與歐洲的聯繫與交往非常頻繁，其中馬可·波羅、伊本·白圖泰等歐洲旅行家來到中國，留下了大量的旅行記，記録元代海上絲綢之路的盛況。元代的汪大淵兩次出海，撰寫出《島夷志略》一書，記録了二百多個國名和地名，其中不少首次見於中國著録，涉及的地理範圍東至菲律賓群島，西至非洲。這些都反映了元朝時中西經濟文化交流的豐富内容。

明、清政府先後多次實施海禁政策，海上絲綢之路的貿易逐漸衰落。但是從明永樂三年至明宣德八年的二十八年裏，鄭和率船隊七下西洋，先後到達的國家多達三十多個，在進行經貿交流的同時，也極大地促進了中外文化的交流，這些都詳見於《西洋蕃國志》《星槎勝覽》《瀛涯勝覽》等典籍中。

關於海上絲綢之路的文獻記述，除上述官員、學者、求法或傳教高僧以及旅行者的著作外，自《漢書》之後，歷代正史大都列有《地理志》《四夷傳》《西域傳》《外國傳》《蠻夷傳》《屬國傳》等篇章，加上唐宋以來衆多的典制類文獻、地方史志文獻，集中反映了歷代王朝對於周邊部族、政權以及西方世界的認識，都是關於海上絲綢之路的原始史料性文獻。

海上絲綢之路概念的形成，經歷了一個演變的過程。十九世紀七十年代德國地理學家費迪南・馮・李希霍芬（Ferdinad Von Richthofen，一八三三～一九〇五），在其《中國：親身旅行和研究成果》第三卷中首次把輸出中國絲綢的東西陸路稱爲『絲綢之路』。有『歐洲漢學泰斗』之稱的法國漢學家沙畹（Édouard Chavannes，一八六五～一九一八），在其一九〇三年著作的《西突厥史料》中提出『絲路有海陸兩道』，蘊涵了海上絲綢之路最初提法。迄今發現最早正式提出『海上絲綢之路』一詞的是日本考古學家三杉隆敏，他在一九六七年出版《中國瓷器之旅：探索海上的絲綢之路》中首次使用『海上絲綢之路』一詞；一九七九年三杉隆敏又出版了《海上絲綢之路》一書，其立意和出發點局限在東西方之間的陶瓷貿易與交流史。

二十世紀八十年代以來，在海外交通史研究中，『海上絲綢之路』一詞逐漸成爲中外學術界廣泛接受的概念。根據姚楠等人研究，饒宗頤先生是華人中最早提出『海上絲綢之路』的人，他的《海道之絲路與昆侖舶》正式提出『海上絲路』的稱謂。選堂先生評價海上絲綢之路是外交、貿易和文化交流作用的通道。此後，大陸學者馮蔚然在一九七八年編寫的《航運史話》中，使用『海上絲綢之路』一詞，這是迄今學界查到的中國大陸最早使用『海上絲綢之路』的人，更多地限於航海活動領域的考察。一九八〇年北京大學陳炎教授提出『海上絲綢之路』研究，并於一九八一年發表《略論海上絲綢之路》一文。他對海上絲綢之路的理解超越以往，且帶有濃厚的愛國主義思想。陳炎教授之後，從事研究海上絲綢之路的學者越來越多，尤其沿海港口城市向聯合國申請海上絲綢之路非物質文化遺産活動，將海上絲綢之路研究推向新高潮。另外，國家把建設『絲綢之路經濟帶』和『二十一世紀海上絲綢之路』作爲對外發展方針，將這一學術課題提升爲國家願景的高度，使海上絲綢之路形成超越學術進入政經層面的熱潮。

與海上絲綢之路學的萬千氣象相對應，海上絲綢之路文獻的整理工作仍顯滯後，遠遠跟不上突飛猛進的研究進展。二〇一八年厦門大學、中山大學等單位聯合發起『海上絲綢之路文獻集成』專案，尚在醖釀當中。我們不揣淺陋，深入調查，廣泛搜集，將有關海上絲綢之路的原始史料文獻和研究文獻，分爲風俗物産、雜史筆記、海防海事、典章檔案等六個類別，彙編成《海上絲綢之路歷史文化叢書》，於二〇二〇年影印出版。此輯面市以來，深受各大圖書館及相關研究者好評。爲讓更多的讀者親近古籍文獻，我們遴選出前編中的菁華，彙編成《海上絲綢之路基本文獻叢書》，以單行本影印出版，以饗讀者，以期爲讀者展現出一幅幅中外經濟文化交流的精美畫卷，爲海上絲綢之路的研究提供歷史借鑒，爲『二十一世紀海上絲綢之路』倡議構想的實踐做好歷史的詮釋和注脚，從而達到『以史爲鑒』『古爲今用』的目的。

凡例

一、本編注重史料的珍稀性，從《海上絲綢之路歷史文化叢書》中遴選出菁華，擬出版百册單行本。

二、本編所選之文獻，其編纂的年代下限至一九四九年。

三、本編排序無嚴格定式，所選之文獻篇幅以二百餘頁爲宜，以便讀者閱讀使用。

四、本編所選文獻，每種前皆注明版本、著者。

五、本編文獻皆爲影印，原始文本掃描之後經過修復處理，仍存原式，少數文獻由於原始底本欠佳，略有模糊之處，不影響閱讀使用。

六、本編原始底本非一時一地之出版物，原書裝幀、開本多有不同，本書彙編之後，統一爲十六開右翻本。

目録

海上見聞録定本

海上見聞録定本

二卷

〔清〕阮旻錫　撰

清抄本

海上見聞録定本卷上

鷺島道人夢菴輯

甲申崇禎十七年三月北京陷崇禎亡

大清順治元年

五月十五日誠意伯劉孔昭司禮監韓贊周等立福

王于南京改元弘光

兵部尚書史可法督師江北

北鳳陽總督馬士英入專國政有中書隨地有都督滿街走監紀多于羊職方賤如狗蔭起千年塵拔貢一呈首掃盡江南錢填塞馬家口之謡

封福建總兵官鄭芝龍南安伯賜蟒衣

乙酉順治二年　南京弘光元年

封鄭鴻逵靖虜伯

清兵破揚州史可法死之

五月清兵渡江弘光走至蕪湖廿五日爲降將劉良
佐擒解豫王

總兵鎮江鄭鴻逵鄭彩等擁舟師不戰走還閩至浙
于江口逢唐王鴻逵奉之至福州巡撫張肯堂廵
按吴春枝吏部黄道周安南伯鄭芝龍等會議監
國鴻逵固請正位乙酉以閏六月十五即位改元
隆武起曾櫻何楷騶等入閣辦事晋封芝龍平虜
侯尋封平國公鴻逵爲定虜侯尋封定國公芝豹

一為澄濟伯鄭彩為永勝伯賜平國公長子森國姓
名成功封忠孝伯
賜姓以天啟甲子年七月十五日生于日本國母顏
氏後遣人将母子取回方七歲有志讀書聰敏不
羣年十五補南安縣學廩生
封平國公部将施天福為武毅伯洪旭為忠振伯林
習山忠定伯張進忠正伯陳輝忠靖伯定國公部
将陳豹為忠勇侯林察為輔明侯以鄭鴻逵為大
元帥出浙東鄭彩為副元帥出江西既出關疏言
餉缺逗留如故于是黄道周請募兵江西隆武為

給空札百函爲行資被獲送南都不屈與中書賴
雍藻繼等俱死之
八月隆武詔至粵西有靖江王稱監國不奉詔總制丁
魁楚巡撫瞿式耜擒送至閩斬之
時鄭遵謙起兵江上與張國維陳函輝熊汝霖等迎
魯王于台州監國駐紹興時乙酉六月中遣都督
陳謙奉書至國議前齎南安伯勅印與平國相善
平國邀之陛見啟函稱皇叔父不稱陛下隆武怒
御史錢邦芑密勸隆武殺之夜半內傳行刑倉卒
不及救平國痛憤甚先是平國已密遣人通内院

洪承疇御史黄熙胤至是又微聞監國錢塘信息乃稱缺糧餉檄守將施天福等回而閩兵無糧逃散不守矣

丙戌順治三年　海上稱隆武元年正位于福建省城

三月清貝勒王駐兵錢塘北岸

五月江上兵潰

六月初一日清兵渡江、潮不至方國安馬士英欲獻監國爲投降計遣人守監國守者病乃得脱逃登海船適入舟山時丙戌六月十八日也督師張國維典國公王之仁兵部陳函輝大學士朱大典俱死之方逢年方安國俱投降馬士英逃至台州小寺清兵摉獲後與方國安父子方逢年俱斬于延平城下眷口給賜兵丁阮大鋮迎降過嶺自投崖死仍戮尸将移關守将陳秀郭曦投降而仙霞無一守兵隆武于八月定計幸贛未至一日晒龍鳳衣陳謙之子率數騎追至遂及于難

九月清兵至泉州芝龍退保安平鎮貝勒令泉紳郭必昌招之以洪黄之信未通未敢迎師貝勒與之書畧曰吾所以望将軍者以将軍能立唐藩也且兩粵未平今鑄閩粵總督印以相待芝龍得書大

喜賜姓力諫不聽十一月至福州見貝勒置酒甚懽夜半挾之北去從者皆不得見至京封同安侯

丁亥順治四年　是歲桂王即位于廣東肇慶改元永曆

初芝龍徹兵密諭賜姓欲與俱見貝勒賜姓不從定國陰令逸去乃至是率所部入海芝豹獨奉母居安平鎮鄭彩率舟師至舟山迎監國魯王南下魯王封鄭彩為建威侯尋晉建國公其弟鄭聯為定遠伯尋晉侯鄭彩及閣部熊汝霖進取福寧州諸縣響應遂入興化府熊閣部鼓舞起義諸起義者皆來給劄兵至數萬多烏合鄭彩謀奪其權雖

與之結婣忌之乘夜遣兵攻其舟并全家殺之于是義兵憤怒解體時義兵所在蠭起汀邵並亂據延寧閩郵為阻是夏京中命王大人陳錦佟國器李率泰督兵至破建寧屠之所失州縣盡復鄭彩至海壇復為鄉兵所敗遂同魯王至厦門時鄭聯亦糾合浦南橋義兵楊重等攻入漳浦縣以洪有楨為縣令未幾縣破有楨被執不屈被禍鄭聯率義兵攻海澄縣然見敵騎即走爭舟墜水死者甚多平和縣魯慶等與詔安等處義兵立德化王慈熚擄將軍寨陷大昌攻順昌將樂然皆為清兵所

敗隆武之亡也舊相蘇觀生何吾騶遁回廣東與
布政使顧元鏡於十一月立隆武弟唐王聿鐭監
國年號紹武十二月十五日清總兵李成棟率兵
襲廣州城副将杜永和獲紹武并周王益王遼王
等盡殺之蘇觀生從死吾騶元鏡皆降福省既陷
兩廣總督丁魁楚與廣西巡撫瞿式耜會議監國
式耜皆言永明王賢且為神宗嫡孫應立王諱由
榔桂王之子初封衡陽以戡乱徙梧州會桂王薨
王以衰絰于丙戌十月十四日監國改元永曆以
肇慶府署為行宮魁楚呂大器為大學士式耜以

吏部侍郎兼閣學掌銓事封総兵陳邦傳為思恩侯尋晋慶國公後廣西破投誠率兵追永曆為李定國所擒父子俱死

時賜姓謀舉義而兵将戰艦百無一備往南粤召募聞永曆即位粤西遥奉年號稱招討大将軍罪臣有衆三百人于廈門之鼓浪嶼訓練委黄愷于安平鎮措餉識者知其可與有為平國舊将咸帰心焉八月以洪政陳輝為左右先鋒楊才張進為親丁鎮郭泰余寛為左右鎮林習山為樓船鎮進兵攻海澄扎祖山頭数日援兵至洪政中流矢與監

軍楊期潢俱死之遂退兵入粤會定國公進攻泉
州列營桃花山　清提督趙國祚率数百騎衝營
張進楊才迎戰定國遣林順等夹攻大破之别遣
水兵破溜石砲城斬叅将解應龍軍聲大振泉紳
郭必昌之子顯欲内應國祚殺之滅其家并擊故
相黄景昉等國祚酷虐泉民不敢喘息九月漳州
副将王進率兵来援圍解

戊子順治五年　海上稱永曆二年

閏三月賜姓攻同安　清守将廉印知縣張效齡遁
遂取之

七月陳佟李援師至遂攻同安城八月城陷鎮将立
晋林壯猷全軍盡沒知縣葉翼雲教諭陳鼎死之
屠其城殺五萬餘人同安血流溝之讖應焉
先是同安諸生陳姓綽號泥鰍者回至羅漢山中
所稱生閻羅者授以片紙云泥鰍死半途同安血流
溝嘉禾斷人種安平成平埔陳生果至小盈嶺而
死是後凡獲滿兵輒斷掌放回以應之然後來安
海城竟毀拆而廈門竟遷空無人歷一紀云
是歲大饑賜姓及建國公鄭彩各發兵民船至高州
糴米爲思恩侯陳邦傳所轄賜姓舡免餉餘照丈

尺徵餉舡有千餘多是民舡斗米閩中近千錢也時海上藩鎮分駐各島監國魯王别將平夷伯周崔之閩安侯周瑞定西伯張名振総兵阮美等守舟山至沙埕鄭彩鄭聯守廈門令定國公守平安之白沙使其将陳豹守南粤賜姓泊廈門以親丁三百人遣其叔錦衣衛鄭子鵬護家眷使張進守銅山所太子太師鄭香守海澄之石尾有衆數千人後為　清兵所破二子鄭廣鄭海死焉然糧餉缺乏取之民間而鄭彩營将章雲飛等擾民尤甚定國公遂率舟師至潮州隨地取餉

己丑順治六年　海上稱永曆三年

廣東提督李成棟反正迎永曆于是永曆有船使令以為恢復在即詔各勲鎮考試諸生赴廣省進塲賜姓遂送考生員葉后詔洪初闢等十數人同黄志高賫本赴行在舟至潮陽遭風飄壞餘人不淂達獨黄志高至粤詔以志高為兵部職方司主事使監賜姓軍命以舟師查取南都其後賜姓入長江承此詔旨也詔使并賫秦王孫可望告示一張其文云秦王告諭天下中間叙湖廣殺敬謹王四川殺八固山之捷入滇擒逆點父子云云又檄文

一冊中有云恢復兩京者准封為公一省者封為侯四府以上者封為伯今有無尺土之功而擅封五等之爵云〻又定西王李定國告示一張其文云西寧王奉秦王令旨中間叙破廣西定南王孔有德焚死之捷云〻

清鎮守漳浦副将王起俸賚赴軍門納欵謀洩棄家由龜鎮至銅山投見賜姓授都督同知掛統練軍門印令管北標将

十月賜姓舟進雲霄港由白塔登岸分道並進雲霄守将張國桂迎戰為左先鋒下副将施顯敗死進

軍攻城中軍姚國泰拒守城破國泰重傷獲之令
鑒治送軍前枚用遂進攻詔安扎營龍峯磁灶等
處令中衝鎮柯宸樞援勦左鎮黃廷右衝鎮洪習
山寄守盤陀嶺以遏漳援漳鎮王邦俊副將王之
劉等吊集各縣守兵合攻盤陀嶺是日大霧諸軍
各不相顧柯宸樞同其弟中軍宸梅俱戰死

十一月賜姓解詔安圍督兵由分水關入潮州抵黃
崗時潮屬多土豪擁據三吳壩有吳六奇黃崗有
黃海如南洋有許龍澄海有楊廣海山有朱堯潮
陽有張禮碣石有蘇利時武毅伯施天福同黃海

如說賜姓取潮陽縣資其富饒且近海口有海門所達濠浦可以拋泊船艘通運粮米但須由南海釁灣過達濠浦方可至縣恐許龍張禮爲梗耳賜姓遂令移兵南洋許龍逆戰敗走漢陽舊将陳斌来歸援後勁鎮楊廣朱堯唐王等各迎降遂移兵釁灣張禮拒命立破其達濠霞美二寨進攻青林寨張禮乞降准其歸命遣援勦右鎮黄山督諸軍往靖海衛并迎丁惠来縣以中軍汪滙之理縣事正兵營盧爵守城黄山等回攻南山寨破之賜姓遂移兵入揭陽會定國公并帶張禮往見定國公

夜沉之水賜姓悔之

庚寅順治七年　海上稱永曆四年

先是　清兵破湘潭何騰蛟死之破南昌金聲桓死

之

二月破信豐李成棟歿于陣永曆皆追贈王爵投淚

親祭及報南雄不守遂移德慶抵梧州榕江兵潰

桂林陷瞿式耜張同敞死之

五月賜姓至潮陽知縣常翼鳳率父老郊迎令三鎮

洪旭駐鎮徵輸轉運楊才攻破平和寨屠之陳斌

克獅頭寨、首黄亮采請降許之右先鋒楊才病

故以正總班林勇為右先鋒後征蘓利陣亡以甘輝管親丁鎮黄廷管右先鋒鎮施顯管援勦左鎮以監督王秀奇為戎旗鎮管親隨兵以林勝為中協陳瑞為右協

四月賜姓移師揭陽定國公言新墟寨負固不服合兵攻之用龍熕擊其城遂乞降

門闘海中放光定國公令人投水視之得大炮夾兩龍為耳用船車出之號龍熕所擊無不摧破後國軒用以攻泉城火引不發鞭之口遂裂城竟不破

守潮州新泰伯鄭尚文率馬步數千来援賜姓令
諸将迎擊陳斌躍馬入陣擒其中軍陳祿諸将継
進追殺尚文僅以身免
五月詔安九甲義將萬禮等来附施琅所招也
六月引兵攻蘇利不克利據碣石衛畔後平南王發
兵攻殺之賜姓諭諸将議攻潮州陳斌進曰潮郡
東西環溪只一浮橋通漳大路必須断橋以絶援
兵然後移扎西南攻圍從之尚久出兵戰敗浮橋
并石橋一齊焚燬隨移師三面圍城攻擊尚久差
人往漳求救鄭文興来援許龍渡之入城尚未削

髮歸　清久攻不下暑天兵卒多病解圍退兵潮陽黄亮采等復叛攻襲行營甘輝迎擊斬其父子始散去

鄭彩鄭聯在廈門與芝鵬有隙賜姓用施琅之策以米千石餉鄭聯欲襲取之鄭聯不疑鄭彩曰是毒藥也議全軍出避聯不從聯建生祠于萬石巖十五夜宴轄下諸將二鼓賜姓舡至盡收其戰艦兵卒其將陳俸藍衍吳豪等皆歸附擬親隨兵守其衙後月餘芝鵬說賜姓置酒萬石巖夜歸伏甲于路殺之時鄭彩以舟師百餘艘逃于廣東南海之

閒賜姓差官往請回島不遇而還其轄將楊朝棟
王勝楊權蔡新等來見以朝棟為義武營王勝等
管水師藍舊將藍登来見援授勦後鎮彩飄泊數
載兵將星散賜姓以書招之遂回後病死于家

山寇攻陷惠来縣知縣汪滙之守將盧爵俱死三鎮
洪旭報潮陽山賊復起不復追徵以閩安侯周瑞
為水師右軍掛印黃大振為援勦前鎮命鄭芝鵬
鎮守廈門阮引何德管水師藍登管六師烏

十一月賜姓至潮陽提塘黃文自行在来報稱有旨
請賜姓入援　清平南王尚可喜靖南王耿繼茂

率滿騎數萬攻復廣州西寧王望　師南下會
甚切閏十一月賜姓令各鎮官兵在船聽令南下勤
王時陳斌與施琅相抗不睦率兵而逃具稟陳所
逃緣由後據湖州歸　清黃海如在達濠浦欲議
叛令林習山致之死
十二月賜姓抵揭陽與定國公商議賜姓欲南下定
國公囬廈門
辛卯順治八年　海上稱永曆五年
正月賜姓至南海施琅進曰勤王臣子職分但琅昨
夜一夢似大不利乞藩王思之賜姓默然遂令將

左先鋒印并兵将委副将蘇懋管轄定國公送蕭
拱宸沈奇等来效勞以拱宸為中衝鎮沈奇為護
衛右鎮隨師南下定國公同洪旭施琅帶陳壎鄭
文星等回島
二月賜姓至白沙河颶風大作各船收入塩州港賜
姓正副坐駕風水不得泊坐帆溜下幾覆數次天
明方霽後陞管中軍船蔡進福為水師内司鎮管
副中軍船施琅為水師後鎮
三月賜姓至大星所殺退思訓援兵攻其城下之
清閩撫張學聖同提督馬得功集同安縣十八保劉

五店各處民兵及船攻厦門鄭芝鵬怯懦私自載輜重下船望城中居民不許搬移得功数十騎下船飄至五通遂登岸無有禦之者守高崎水師鎮阮引不戰而逃城中百姓號聲動地賜姓董夫人倉皇抱木至於海邊不得船厦門港居民林禮樂始于水中負登小舟至芝鵬大船坐爲其夜亂兵焚燬店舍火光竟天前文淵閣大學士吏部尚書曾櫻在城中家人掖之出城公曰此一片清净地正我死所我将何之哉是夜縊于所居楼上時爲二月十三日越三日公之門人阮旻錫入城尋母

遇公隣居藍姓者在西門外詢之藍曰公不肯出
城是晚其進粥一盂公不食及曉再候公已自盡
矣無人可收斂也時已昏黑不得入城旻錫往尋
僧文台又至東嶽廟尋公之門人陳泰共議天未
明文台以僧龕同陳泰招公屍至僧曆灣下船付
其家人鄉紳副憲王公忠孝以壽棺貯之司馬盧
若騰副院沈佺期樞部諸葛倬等皆視殮後兵部
主事劉玉龍疏陳輔臣從容就義事奉旨曾櫻身
死綱常允宜優卹追贈光禄大夫上柱國太師謚
文忠賜祭塟蔭一子中書科舍人一子錦衣衛百

户世襲其門人知縣陳泰冒險負屍積勞殞歿着
贈鴻臚寺少卿
三月初一日　清撫院張學聖同興泉縣黄澍渡海
見島嶼孤懸波濤環繞驚爲絶地即先引回令知
縣張齡安撫居民
初四日馬得功行牌于各鄉安民意欲據守初八會
定國公舟師至截港圍之命鎮將楊扞素登貨艚
港與戰互有勝負副將吳毅戰死施琅率陳塤鄭
文星百餘人登廈門港與戰敗之得功幾爲所及
于是淂功求過海張撫院差人至安平協平國公

太夫人囑定國公以船載馬得功三百騎及餘兵盡回先是定國公差都督鄭德翼將周全斌等到天星所報稱馬得功陷島請賜姓回師乃于四月初一日到浯嶼得功已渡海二日矣賜姓怒甚不許諸親與定國相見定國移屯白沙初十日賜姓駐廈門港議失守功罪先賞施琅花紅銀二百兩陳壎一百兩斬鄭芝鵬阮引等以狥何德細責藍登免罪軍士皆踴躍歡呼銳氣百倍以其家在島上遭口搶掠得洩其憤故耳命忠振伯洪旭管理中右參軍潘庚鍾追鄉紳助餉銀潘加派搜掠一室

詔安平和二縣俱復

定西侯張名振平夷侯周崔之英毅伯阮駿等自舟山来歸俱授水師鎮海澄守将郝文興密約納降

壬辰順治九年 海上稱永曆六年

正月初二日賜姓督師至海澄港潮大漲直至中權關下郝文興開城率将士出降授前鋒鎮掛印以參軍黃維璟知縣事

初十日進兵江東遣各鎮攻長泰縣至溪西擊敗漳城援兵廿三日援兵再至復敗之

二月初二日遊兵營吳世珍奮勇登城被砲擊死賜

姓令火器營何明鑿河地道用地雷以擊其城
三月初三日報總督部院陳錦督馬步數萬来援已
扎同安縣初十日地雷發不及城而止是日遂移
兵扎江東初十日陳錦安營于牛蹄山相去五里
十三日親来衝營賜姓率諸將迎擊之陳錦大敗
棄營盤而走全軍俱覆失衣甲馬足輜重不可勝
計遂奔回扎營于同安城外為其家丁庫成棟所
刺来歸賜姓賞其功以其弑主陰令殺之
長泰縣　清守將楊青棄城而走以參軍馮澄世知
縣事以甘輝為中提督黄廷為前提督黄山為後

提督四月進圍漳州賜姓扎南院
五月 清浙鎮馬進寶號金衢馬率兵来援緩其入
城後同王邦俊從東門出戰敗回遂嬰城固守不
敢出諸軍攻圍數月不下張名振地方事陞協将
萬禮為前衝鎮副将陳朝為後衝鎮賜姓移師金
門後浦扎营操練施琅前在南澳兵付蘇茂代将
意回日必復任賜姓既不與遂請為僧賜姓諭令
舟募兵許授前鋒鎮偶有親兵曾德逃亡賜姓拔
為親隨琅将曾德捉回立斬之賜姓怒而不發二
十日傳令諸将在船聽令出軍遂令右先鋒黄廷

執施琅及忠定伯林習山拘在船中令副將吳芳
看守琅家人着人假稱賜姓令箭吊回審究吳芳
即同登岸至卓灣琅將吳芳及押人打倒脫走逃
還山穴中兩日夜投蘇茂〻客以小舟載之渡海
依澄清伯賜姓怒甚欲斬林習山未果殺吳芳妻
子令芳跟尋廿一日殺施琅之父及其弟施顯以
戎旗中協林勝為搜勦左鎮
廿二日賜姓督兵入漳州地方
廿七日大破漳鎮王邦俊之兵于磁灶
六月回師舊將黃興來歸授中權鎮黃梧來歸授副

将以監督陳六御為北鎮營騎兵
九月賜姓督師入漳浦地方王邦俊来援復大破之
追至龍井降其将卒數百人而還
李長病退以黄昌為戎旗鎮親隨營
十一月 清提督楊名高自福州率步騎入漳應援
賜姓遇之于小盈嶺大破之追至馬厝港名高僅
以身免騎兵營楊祖為首功掛印陞營為鎮
十二月舊将陳堯策先投 清同 清将協守漳浦
至是獻城納降以為護衛前鎮照舊鎮守以參軍
林其昌知縣事議築鎮門象鼻山截溪流不得入

海欲以灌城而奔流迅急提不得合費工甚鉅罷
之
賜姓不攻城築長圍困之使其粮盡自降而城中兵
盡括鄉紳富户及百姓粟食乏民相挑籍餓死殺
人為食至有婦人群聚擊男子而分食其肉者毋
論鼠雀及樹根木葉水萍紙及皮之屬盡食之稀
粥一碗直四金自四月至十月城中死者十七人
後清署守道周亮工收髑髏凡七十三萬有奇
焚埋于東門外名曰同歸所築萬善庵其上勒石
記之城外死者骨骸無數不與焉

五月福省集水師數百隻來攻廈門賜姓令陳輝督水師督禦之遇于崇武所　清舟師戰敗棄船登岸而走

九月　清統兵固山金礪領浙直八旗滿兵及漢兵共萬餘旗入閩來援至泉州住扎養馬廿六日賜姓解圍退扎右縣據險以待固山由長泰入漳

十月初二日固山率滿騎衝營是早西北風盛發火箭火炮皆被風打回對面昏黑滿兵乘烟衝突諸将潰散賜姓退扎海澄後提督黃山禮武鎮陳俸右先鋒鎮廖敬親丁鎮郭廷護衛右鎮洪承寵皆

戰殘

癸巳順治十年　海上永曆七年

三月賜姓駐廈門遣前軍定西侯張名振等率水師恢復浙直州縣并遣忠靖伯陳輝等一齊進入長江

四月金固山吊集水陸官兵船隻欲攻海澄賜姓即遣水師左軍林察右軍周瑞後軍周崔之阮駿黄大振等前往堵截後遇颶風林察飃入興化港被獲至鄭貫來議撫始放回

二十八日金固山扎營楓山頭

五月初一日賜姓至海澄錮兵守禦以前鋒鎮郝文興戎旗鎮王秀奇護衛前鎮陳堯策守鎮遠寨前衛鎮萬禮帮鎮遠寨外以前提督黄廷中提督甘輝守關帝廟前木柵連接鎮遠楼賜姓駐扎天妃宫親行督戰初四日金固山率馬步數萬扎營天妃宫前安大小銃炮數百號日夜連擊不停木柵崩壞官兵多被擊死

初五日後勁鎮陳魁後衛鎮葉章率各鎮精勇兵數百合力乘炮烟衝進遇炮銃齊發葉章被銃打死陳魁打傷左足賜姓令收兵固守以周全斌管後

衝鎮楊正骨後劲鎮　清兵連擊兩晝夜營壘隨
築隨壞賜姓率諸將上敵臺觀望張盖而坐　清
兵見之炮火齊發甘輝翼賜姓下臺而位隨擊碎
矣鎮遠寨邊新築蘧蒢崩壞如平地軍士無可站
立賜姓令掘地藏身令神器鎮何明率洪善將火
藥就夜分掘埋河溝邊藥心相續候令而發

初六日黄昏滿兵火炮火銃連夜不絕至立鼓放空
炮頭疊綠旗兵二疊滿兵填濠攀柵而上兵皆重
鎧刀不能傷城上兵俱持大斧擊之墜則後列者
乘其屍而登三疊滿將蜂擁齊進鋭不可當天色

漸亮滿兵大半過河遂暗發地炮烟焰蔽天過河者一盡殲死其未過河者甘輝截擊之擒斬無遺金固山精銳盡喪連夜逃回

十二日賜姓回廈門于教場設宴犒諸將士論功行賞以忠孝伯印付甘輝〻不敢受以擅離海澄城殺知縣黃維環及不用命軍士二人差監督池士紳以蠟丸齋帛疏由陸路詣行在敘方曲破總鎮王邦俊小盈嶺破提督揚名高江東橋殲總督部院陳錦海澄敗固山金礪之功行在遺兵部主事萬年英齎勅晋賜姓漳國公封延平王賜姓拜表

辭讓差監督張自新同萬兵部由水路詣行在面
奏以海澄破邊功請封各鎮封爵後永曆以帛詔
封甘輝為崇明伯黄廷為永安伯萬禮為建安伯郝
文興為祥符伯王秀奇為慶都伯叅軍馮澄世太
僕寺卿兼都察院右僉都御史

築海澄城所屬地方每家各出名民夫一名城高二
丈餘舊有五都土城連而為一皆用灰石砌成并
築短墻安大小銃三千餘踞周圍環以港水巨浸
茫茫外通舟楫內積米數穀軍器據漳州之咽喉
與廈金兩門相為表裡以為長守計命馮澄世督

其工

六月賜姓以金固山回京遂督舟師南下造攻鷗汀埧鷗汀在潮州港口其民強悍有船百餘隻加十八槳水工如飛遇大船以繩絆其柁牽之入港小船即攻殺之海舟至潮者被其刦掠殺害甚多賜姓至攻其城楊廣亦以兵来會城厚而堅從辰至午攻打不下賜姓被飛彈微傷足踝遂退兵次日至華平貴嶼寨入納穀遂抽兵下舡時李定國差人致書其書曰西寧王致書國姓大將軍麾下言當同心戮力納以舟師直取江南也

同安侯在京遣家人李德稱有詔封賜姓為海澄公
九月京中遣內院學士葉成格理事官阿山同賜姓
弟內侍下渡舍蔭舍貴四府安插兵衆勅至
十九日李德周繼武先到廈門賜姓知先剃髮後受
詔只令周繼武持啓往請
廿四日葉阿山使到家
十月賜姓發渡舍回泉復二使納到安平鎮相面言
先受詔而後剃髮十七日二使至賜姓設供帳于
報恩寺二使只就布棚安詔勅賜姓不肯受勅二
十日二使回泉州二十九日二使促渡舍蔭舍等

并顏夫人回京復命撫事不成遂置同安侯于高
墻戌澄濟伯于寧古塔

遣輔明侯林察閩安侯周瑞戎旗鎮王秀奇左先鋒
鎮蘇茂統陸師率五鎮營官兵戰舡百餘艘南下
勤王差勷用官林雲瓚奉勤王表詣行在并持書會
西寧王

十一月漳州千總劉國軒同魏標朴世用以總鎮張
世耀新任兵未協遣人來約期獻城歸降賜姓遣
洪旭甘輝林勝戴捷等于十二月初一夜直至南
門掛雲梯國軒令人牽引而上張世耀倉率不知

所為乃降知府房星曄理刑王元衡知縣周瓔等
俱降洪旭入城安輯初四日賜姓抵漳以劉國軒
為護衛後鎮魏標為火武營朴世用為水武營張
世耀軍前任用委戴捷鎮守長泰縣守將楊青来
降諸屬縣皆降賜姓遣諸将徇泉州諸屬縣皆下
之惟府城為副将韓尚亮堅守

乙未順治十二年　海上稱永曆九年

正月初五日攻破仙遊縣焚殺甚慘明兵部尚書唐
顕悅之子乃賜姓姻家世子經之外父子亦死焉

二月設六官以潘庚鍾為吏官洪旭為户官鄭擎柱

為禮官張光啟為兵官程璠為刑官馮澄世為工官設協理各一員左右都事各二員以常爵寧為察言司掌六卿印鄧會張一彬為正副審理

設儲賢館以前所試諸生洪初闢楊拴阮旻錫陳昌言陳鵬涓楊芳葉儒羽呂昂陳継明林湲明及荐舉薛聯桂鄧愈等充之設儲胄館以死事諸將及侯伯子弟柯平林維榮等充之改中左所為思明州以薛聯桂知州事

四月以郝文興為左提督萬禮為後提督王秀奇改為右提督林勝代為戎旗鎮黃昌為援勦左鎮黃

梧為前衝鎮
築丙洲新城
五月總督南征林察周瑞王秀奇蘇茂等班師回稱
西寧王戰敗退梧州應援不及賜姓甚怒降責有
差
委戶官洪旭任水師右軍以吏官潘庚鍾兼管戶官
加都事吳慎為協理佐之
賜姓以撫局不就分兵與定西侯忠靖伯等會師入
長江搗其腹心以水師右軍洪旭為總督以原北鎮
陳六御為五軍戎政總制六師率兵北上京中遺

世子王統率八旗滿兵及漢軍約有三萬入閩先撥前鋒滿騎到省賜姓盡抽福興泉之兵回漳各屬縣城悉墮之

以儲賢育胄二館諸生監紀諸鎮每月紀其功罪彙冊上報請設領兵中軍二月臨陣督戰以候缺將爲之又設餉司一員後以監紀兼之

六月隳漳州城及各屬縣

賜姓會諸鎮兵于漳之東門外蓮花埔合操親自教演月終乃撥各鎮出征

七月以中提督甘輝爲正總督右提督王秀奇爲副

總督率二十餘鎮北上與忠振伯陳總制相機而
行以前提督黃廷爲總正督後提督萬禮爲副總
督率二十餘鎮南下
八月前提督黃廷等入揭陽港扎營桃花山　清潮
鎮劉伯祿率兵来援大破走之擒其中軍將斬殺
甚多二十四日劉伯祿復集兵六奇及惠州之兵
列營鷹嘴埔左戎旗林勝揮兵渡濠至斬木栅攻
破其營擒其副將諸鎮兵乘勢追殺遂進揭陽城忠
勇侯陳豹自南澳率師来會運大銃築土山攻之
清守將知縣棄城逃去并取普寧縣進添各鄉寨

餉米中提督甘輝等北上阻風就温台二府取糧
台州總鎮馬信欲降忠振伯遣人招之風順遂發
舟山未果
九月左提督祥符伯郝文興病故賜姓親臨祭奠厚
卹其家
世子王至福州吊集本省綠旗馬步一齊進發賜姓
令思明州居民搬移邊海官兵眷口搬運住金門
鎮海等處空島以待
世子王至泉州駐扎東嶽
十月賜姓吊回戎旗鎮林勝守思明州

甘輝洪旭等至舟山由岑江口登州守兵迎戰敗走
遂進兵攻城陳總制遣監督李化龍入城招降清
鎮守副將巴臣功等遂開城投順張名振等出自
長江來會　清定關守將張鴻德棄家來附後授
前鋒鎮
十一月賜姓差監督李長至舟山吊兵北上師回以
總制陳六御督定西侯張名振英義伯阮駿等鎮
守舟山委林勝鎮守海澄縣王元士知縣事林其
昌失入人罪革職
十二月甘輝引巴臣功等入見即授驍騎鎮改名臣

興
洪旭入台州港馬信棄城帶兵馬揭眷来歸賜姓即
授中權鎮掛征口將軍印
丙申順治十二年　海上稱永曆十年
正月清平南王尚可喜撥騎兵同潮鎮劉伯祿來浸
揭陽離城西二十里安營右先鋒蘇茂統五鎮守
西門隔港據橋、外即平埔時平藩兵即以數百
騎挑戰金鎮兵追即走是日援勦右鎮黄勝殿兵
鎮林文燦左鎮黄梧在埔上操兵平藩兵大至蘇
茂欲出兵迎戰金武營郭遂弟諫以為橋狹難于

進兵不聽敢戰大敗惟遂第兵先抽過橋無失餘皆自相踐踏擠橋墜港黄勝林文燦皆死于橋下兵死者凡五千餘人　清兵過橋拆毀營盤直至城下前提督黄廷在東門出兵接戰　清兵乃退報至賜姓命五軍總制張英再督戰旗下潮清兵截港而營難于攻而各土堡皆堅守不納穀

二月賜姓差官兵張光啟入揭陽察戰敗情形弔蘇茂杜輝黄梧等回思明州令黄廷林勝及各鎮下廣探聽行在消息

三月前軍定西侯張名振于正月病故令陳六御兼

管前軍事令水師前鎮阮駿專守舟山阮駿報定関造船五百隻欲攻舟山請撥兵防護賜姓遣馬信張鴻德督師北上協防

四月清世子吊各湾船隻令泉州城守韓尚亮統率出泉州港賜姓令諸鎮出圍頭外迎擊援勦左協王明銃船擊沉清船一隻信武營陳澤等来勢追赶忽颶風大作諸鎮舟收泊圍頭清舟被風壓下有收入圍頭被獲者有颶入貴嶼金門登岸乞降者有飄至外洋至黄海者得收回泉港者不满十隻由是不敢渡海

五月黃廷等至碣石衛兵皆無糧逃亡走散遂回師
六月至思明州賜姓誅揭陽喪師罪斬左先鋒蘇茂杜
輝綑責黃梧記責照舊管事圖贖
以周全斌為左先鋒鎮全武營郭遂第改名華棟
為後衝鎮撥黃梧守海澄縣二十二日黃梧同副
將蘇明據海澄降清黃梧在揭陽亡其鉄甲兵二
百餘名窘于賠補而廈門住屋又為定國公所逼
取故淂揭春而叛蘇明乃蘇茂堂弟清封黃梧為
海澄公鎮漳州蘇明授精尼奇呢哈番召至京為
內大臣後黃梧請發鄭氏祖墳株求鄭氏親黨陷

五大商漳泉之民大遭其禍
賜姓令甘輝林勝洪旭等率各鎮前往攻湲清兵
已入城惟五都土城爲副将林明領兵康熊所守
遂搬運米粟兵器下船計濯城所貯糧二十五萬
餘石軍器銃炮及各将領私積無数授林明爲右
戎旗鎮授康熊爲左戎旗鎮領兵中軍逮兵官張
光啟兵郡事黄璋下獄以其附同黄梧瞞借楊琦
衣甲軍器應黜之罪又鶩挟之致变故也
以黄元華棟守銅山時鎮将楊琦鍾宇等陳鵰等
多不法爲各監紀所揭被責甘輝言上以爲文武

不和乃聽諸監紀留用

七月遣中提督甘輝林勝周全斌楊祖等十五鎮官兵北上甘輝等遂入閩安鎮至省城南臺橋登岸扎營賜姓諜知省城無兵令取福州而差船夫其諭帖不至甘輝遂掠南臺潭尾等處

八月世子王抽兵赴省賜姓以前提督黃廷鎮思明州赦張光啟黃璋戴罪管事親率右戎旗鎮林明等至福州視師

浙江定関水師来攻舟山陳六御阮駿二船向前衝殺被誘深入水急船收不回炮火如雨俱赴海自

焚而死餘舡奔散清兵至舟山遷徙居民拆毀城
郭張鴻德亦戰敗歿
九月初三日賜姓至閩安鎮相度地勢令馮澄世築
寨城外鎮守羅星壔亦築土城鎮守
賜姓駕出駐壺江定海鳳埔等處中權鎮黃信自
北回陳説（失）舟山之事賜姓令優卹陳六御六御陳
謙子也既駿二家取連江縣守之
十月賜姓駐三都
初六日世子王發兵攻銅山被後衝鎮華棟護衛右
鎮黃元擊敗退走以右提督王秀奇總督五軍戎務

中權鎮馬信管左提督事

十二月賜姓督船取羅源寧德等縣報入省　世子王遂撥滿州梅勒章京阿裕高巳都柯如良等帶披甲綠旗兵數千赴援時同安侯差謝表等来勸就撫李率泰亦差人来説退兵以就撫局賜姓令諸鎮兵皆退甘輝斷後至護國嶺甘輝令抽兵過橋至嶺下列陣馬信已撥兵下船顧謂甘輝曰吾聞公善戰今日親視公退此一陣也滿州先鋒騎數百追至見陣整不敢退甘輝再令抽兵度嶺親督數千人在後柯格商至揮兵欲蹙之别将勸止

格商曰此易取耳當盡殲之格商至嶺下身自下馬諸將騎皆步行上嶺箭如雨發路狹兵不得成行甘揮（輝）乃大呼從高趨下兵殊死鬭満兵崩壞格商中數刀猶力戰者兵爭斫之馬信令斬其首埋于田中餘者殺死甚多甘輝即下令收兵而别鎮追者為満騎所殺退是後也柯格商最驍勇而巳都柯如良等皆善戰及敗後満兵為之奪氣于是撫事不成

丁酉順治十四年　海上永曆十一年

正月賜姓駐三都

二月總制金張英後提督萬禮事督舟師至温州議
攻金鄉衛　清守将瞿永壽献城降遂取糧而回
三月賜姓令萬禮督兵正鎮韓英左衛洪善右衛楊
朝棟等輪守萬安鎮羅星墖等處賜姓親率諸鎮
北上至鎮下湾阻風遂駕回思明州
初八日定國公鴻逵卒于金門所
四月遣水師後鎮施舉同李順往淅江等處招集松
門一帶漁民以為進長江嚮導施舉至定関遭風
坐舡流入港内　清兵攻之陥没
五月六察常壽寧啟户官鄭泰乾没洋船銀一萬查

皆失寔泰言此人必係奸細往〻離間藩下左右用事之人又聞其受賄形狀賜姓大怒念其嵩江世胄一家四十餘口起義被殺兼年老免刑幽置而死

六月臺灣紅夷人長揆一遣通事何斌送外國寶物来求通商願年輸餉五千兩箭桴十萬枝硫黄一千担許之

七月賜姓興師北上委忠振伯洪旭督水路四鎮兵防守思明州初十日傳令在船開駕督戎旗等鎮進扎興化黄石令遣中提督甘輝進扎涵頭取粮

三日遂抽進狼崎親往閩安鎮令前提督黄廷鎮
守廷言閩安鎮不可守賜姓令守一月以護衛前
鎮陳斌守羅星塔
八月十二日賜姓入海門港乘風直進黄巖縣　清
守将王戎戰敗以城降
十八日進攻台州府令馬信遣人招降二十六日
清總鎮李必出城降知縣齊維藩臨海知縣黎獄
詹俱降
九月太平縣天台縣守将俱降
初八日遣萬礼攻海門衛初九日賜姓親到閲其地

勢頗險令監督宋繼寧入城招諭清守將張捷出
降前所守將劉崇賢亦降永春義師林忠襲破永
福縣　清部院李率泰發兵救援檄海澄公黄梧
兵未至疑之盡撥其轄下官兵分入八旗黄梧大
悔
李率泰弔集漳泉水稍　世子王撥披甲下船圍羅
星塔弔集民夫自鼓山開路達鎮城十四日滿兵
水陸齊攻前提督右鎮程余守頂寨戰死遂失關
安鎮護衛前鎮陳斌神器鎮盧謙守羅星塔被困
無援施琅歸　清爲同安城守屬泉州在總督軍

前使人招降陳斌麾下兵皆欲降斌遂降後說李
率泰盡殺之南臺橋凡五百餘人
賜姓恐閩安鎮有失撥兵赴援遂棄台州率師南
下已無及矣遂以五軍陳堯策督數鎮守狼琦地
方二十六日賜姓回思明州
二十八日賜姓督師南下
十一月初一日至南澪澳忠勇侯陳豹言惠潮破敗
之餘得其城無用鷗汀垻小寨令數鎮攻之可克
左戎鎮林勝頗自領兵攻寨遂之
各提鎮于潮揭取粮賜姓回思明州提督黃廷林勝

等攻破鷗汀埧時天旱濠乾兵至城下用人守牌
遮身以鍬钁鑿掘城墻列大熕齊發崩之而入男女
無少長皆屠之壯士數百人走免其地遂空
時永曆遣彰平伯周金湯太監劉柱從海上至思
明齎延平王勅印至晋封潮王賜姓欲恢復南京
然後稱王文書告示只稱令旨而已後金湯復命
雲南已破死于廣海前監国魯王科臣徐孚遠附
海船至交趾欲從趾交王借道歸永曆正欲其以臣
禮朝見孚遠不肯登岍而回賜姓遂集商船不許
往廣南貿易

戊戌順治十五年　是歲永曆亡海上猶稱其年號

正月賜姓駐思明州

二月吊回各提鎮挑選壯勇者撥入親軍

三月賜姓築演武亭于厦門港練兵以石獅重五百觔為的力能挺起者撥入左右武衛虎衛親軍皆配雲南斬馬刀弓箭戴鉄面穿鉄臂鉄裙用鎖〻定使不得脱時謂之鉄人

援陳魁陳鵰為左右虎衛鎮賜姓令左武衛林勝合左右虎衛之兵南下攻許龍港水忽漲舟師直入許龍率衆而逃獲其輜重船隻焚其巢穴清海

澄縣守将劉進忠等率兵獻城迎降後衝鎮華棟病故以劉進忠管鎮事華棟即郭遂弟興化府諸生也舉義其母尚繫府獄故改名後賜姓以千金贖之仍卹其子

五月以前提督黄廷防守思明州與兵官洪旭同商機務戸官鄭泰給發兵餉餘諸提督鎮俱北上甲士五萬伏兵凡十餘萬船数千艘

六月初七日師至平陽縣清守将車任遲獻城降十三日瑞安縣守将文誠祥降

鉄騎鎮巳臣興病故以黒雲祥管鎮事

十九日至温州清守将堅守不出賜姓議取足粮食
收兵下舡
七月初二日賜姓開駕抵舟山問引港官李順水程
順曰舟山至羊山西南風一日便到其山皆羊無
人住有大王廟甚靈海中有朦瞽二龍泊舡不可
金鼓献紙恐其驚動翻覆不安賜姓不信初九日
午刻到羊山候䑸初十日各提鎮来見放銃鳴鑼
不移時風起浪湧迅雷閃電對面昏黑不相見但
聞呼救之聲官舡都陳德與太監張忠等跪求賜
姓上柵拜天拜甫畢風雨方息波浪稍恬覆舟五

千餘歸溺死數千人賜姓中軍船打破失六妃嬪并二公子三公子五公子凡二百三十一人

十四日賜姓以兵舡軍器損失回至舟山議向温台各港取粮

九月初十日至象山縣知縣徐某遣生員父老送猪酒犒師并具稟啟賜姓遂傳令不攻将北兵不怕風浪多逃去有報援勦左鎮賀世明等船頭桅俱粉紅又訛傳欲叛去并北将盡失之語賜姓遂撤賀世明鎮任并令張五軍諭水武營卜世明用火武營魏操中權鎮李必奇兵鎮張魁等解職惟北

鎮姚國泰補援勦右鎮賀世明憤激氣死以總理
監營翁天祐署左提督肄其兵
十月初三日賜姓至台州港後衝鎮劉進忠叛入金
門所賜姓令攻打棄城走以木武營黄梧晉後衝
鎮事
二十二日賜姓至營右衛守将不降下令攻城
十一月初七日城破擒殺無数
十二日分各提鎮就汎地養民
十二月十五日賜姓駕駐沙門
是歳 清兵破雲南永曆亡

先是秦王孫可望出湖南與經畧洪承疇對壘永駐安龍西寧王李定國奉之以入雲南一路無阻遂將孫可望家眷送至軍中還之途中輜重又被刦掠可望窮憤遂投誠至京　上優待之封義王其死也親弔之

平西王吳三桂與洪承疇遂攻入雲南李定國護永曆至緬甸病死吳三桂追之緬甸入獻永曆䟽聞築臺絞死是日天地昏暗有白龍升天之異觀者莫不流涕傷感而明祚至此終矣

己亥順治十六年

正月賜姓駐沙門
二月賜姓至磐石橋
三月賜姓催各提鎮限本月二十五日到磐石橋聽
令
四月二十八日齊到定關
二十九日至寧波港
五月初一日袖兵下舡
初四日至舟山烈港
十七日賜姓至羊山十八日至崇明十九日差監紀
劉澄家書通江南提督馬進寶

六月十四日賜姓至焦山

十六日辰時進兵攻瓜州清操江軍門朱衣佐率遊擊左雲龍領滿漢兵數千扎城外迎戰賜姓督左右武衛居中、提督居左左提督居右後提督抄瓜州之後兩陣相對隔一小港銃矢交擊水師進斷滾江龍賜姓揮兵大進滿兵列大銃守岍左衛鎮周全斌揮兵下水直渡小港水深鉄重兵從水底行沒頂多溺死突上岸守兵不意驚駭全斌直衝其陣右協楊富陣斬十餘人諸軍直逼而進清兵退走入城諸軍乘勝豎梯攻城正兵鎮韓英先

登左先鋒楊祖繼進巳時遂克瓜州陣斬左雲龍
生擒朱衣佐及所護滿州盡殲之是日右提督馬
信攻奪譚家大炮張兵官羅含章等攻奪滿州木
城三座木城用大杉木板釘平豎柵内各兵五百
人火炮四十尺門火藥火礶不計從上流壓下船
過之立碎至是殲焉賜姓以全斌輕渡港失兵多
欲斬之諸将跪請乃令戴罪立功朱衣佐至鎮江
乞歸養親賜姓賜路費遣之以援勦後鎮劉猷鎮
守瓜州監紀柯平督理江防管州事委張兵部楊
戎政督水師入蕪湖牽其戰舡直逼金陵以分其

勢
十九日賜姓督師泊鎮江南岍七里港
二十日登岍扎營時　清滿漢兵扎在銀山一帯吾兵扎在銀山對面山上只隔一港滿兵驚移大路札營留緑旗兵數百守銀山
二十二日二更賜姓移營到銀山下寅時傳令登山站隊天明滿兵見之大驚分作五路而来賜姓覩督右武衛周全斌左虎衛陳魁迎敵周全斌直衛其鋒以長繩界陣後有兵退至繩者斬于是奮勇爭先滿兵披靡諸将縱之道路狭而溝港多自相

踐踏死者不計其數餘者遁走遂令攻城清總鎮
高譓知府戴可進獻城投降周全斌身帶重傷時
令鎮守以工官馮澄世爲常鎮道兵都事李鳳爲
知府以監紀林吾霖爲刑廳
時諸州縣多來降太平府守將劉世賢獻城降蕪
湖縣亦降
賜姓議取金陵中提督甘輝請從陸路進兵以爲乘
破竹之勢一鼓可下或攻取其外四州郡以絶援
兵則城孤亦難守若水路恐風信稽遲則援兵入
守又費工夫矣諸將多以天時炎熱久雨溝河難

過賜姓遂令由水道進發

七月初四日諸軍下舡初七日至觀音門

初八日令左衝鎮黄安總督水師泊三义河口

十二日派前鋒鎮余新中衝衛蕭拱宸扎獅子山堵禦鳳儀門左提督翁天祐爲應援中提督甘輝後提督萬礼左先鋒楊祖俱離前鋒鎮之第三大橋頭山上屯扎右提督馬信宣毅後鎮吳豪扎旱西門賜姓督左武衛林勝左虎衛陳魁右虎衛陳鵬五軍張英屯扎後廟山時寧國池州和州滁州等府州縣俱降杭州及江西九江等處俱有密謀舉

義前來給札者遣監督高綿祖札都事蔡政前往
蘇私通訟提督馬進約其會兵前來
江南總督管效忠吊集各府兵將齊備謀欲將衝營
十七日甘輝請總令攻城恐援兵日至師老無功
賜姓令于二十二日安炮進攻
二十三夜城中覘知余新懈怠無備請副將孫化鳳
率兵夜出從街坊房舍中毀墻通道襲其營余新
被擒蕭拱宸泅水而逃全軍俱沒後提督萬禮札
在橋外救應不及滿兵遂蜂擁出城札營廿三晚
甘輝林勝勸賜姓抽兵且回至觀音山賜姓欲再

決一戰令楊祖姚國泰楊正藍衍等扎在山上甘輝張英等伏在山內林勝陳魁等列在山下賜姓督陳鵬萬祿等在觀音門應援萬礼萬義等堵禦大橋頭大路馬信吳豪韓英由水路躡其後黃安耑督水師防江

二十三日　清兵大隊抄出山後直衝在先鋒楊祖之營賜姓傳令無令不許輕戰而山上山下又隔遠不相聯屬清兵炮火交擊楊祖衆寡不敵敗走藍衍戰沒賜姓遣陳鵬萬祿往援山高不得上滿兵山上趕下甘輝張英等在山內被圍力戰不得

出張英陣亡甘輝被捉林勝陳魁在山下戰敗全軍俱沒萬禮等在大橋頭　清兵首尾合攻被捉萬義泅水而逃賜姓見大勢已潰先抽下船清水師鎵集來追黄安禦之擊沉數隻防護諸眷姫後載諸殘兵出港查失將領中提督甘輝後提督萬禮五軍張英親軍林勝陳魁鎮將藍衍魏標卜世用副將洪琅弃戶官潘庚鍾儀衛吳賜等十二名後甘輝等觧至金陵總督同山會審萬禮余新皆跪甘輝以足蹴之曰癡漢尚欲求生乎大罵不屈遂被殺

海兵之入長江也　上議欲出京兵召前海澄降將蘇明閩之對曰海兵不能持久不數日當有捷音後三日而江寧捷音至

二十四日賜姓至鎮江分派各鎮將收拾官兵補缺晉轄

二十八日諸將領俱各下船駕入長江

八月初一日師回至狼山上沙

初四日泊吳松港遣蔡政往見馬進寶入京議撫

初八日至崇明城以作老營

十一日開炮攻打城崩數丈　清守將梁化鳳死拒

不退正兵鎮韓英登梯被銃打下監督王起俸亦被銃傷俱死賜姓欲集諸将再攻周全斌以為城小而堅難以驟拔得之亦無用適馬進寶差中軍官同蔡政来說勸回師以待奏請看撫局成否賜姓從之仍遣蔡政往京

十八日賜姓回師至浙江以楊富管正兵鎮分派各提鎮就温台舟山各港口地方屯扎練操仍撥數鎮屯扎蓁峽三都興化海南日照地方

九月初三日賜姓令開舡初七日至思明州

十月援勦後鎮劉猷在温州深入内地取餉被誘戰

没

十二月蔡政自京回云撫事不成繫同安侯于獄并逮馬進寶到京問罪遣満州将軍達素帯披甲萬餘前来勦海并令三省水師合勦

庚子 順治十七年

正月二十一日報満州統兵将軍達素頭站兵至福州

二月賜姓吊回北汛諸提鎮候撥防守

三月報達将軍到泉州催促船隻配兵

賜姓吊回南下官兵分泒屯扎

四月初二日改右提督馬信爲提督軍驍騎鎮
傳令各提鎮將領官兵春口搬住金門所委英兵
鎮陳瑞保護同户官鄭泰一同照管
初四日遣中衛鎮蕭拱辰等治崇武堵禦泉港委輔
明侯林察爲水師總督共商機宜
派援勦右鎮林順礼武鎮林福防守海門
派右武衛周全斌驍騎鎮馬信防治裂嶼尾
派遊兵鎮胡靖殿兵鎮陳漳爲陸師守高崎等處
援勦後鎮張志爲水師拋泊高崎應援撥林福防
守倒流寨

二十六日泉州　清船二百餘艘駕到祥芝澳陸兵山上扎營放炮船依山邊而行遂進至圍頭賜姓令林察蕭拱宸等泊劉五店遏止圍頭清船不得入同安港會合

行戶官鄭泰將前派守圍頭官兵舡隻一盡防守金門拋泊城保角以防廣海許龍等船撥右虎衛陳鵬守五通高崎東一帶撥援勦前鎮戴捷守高崎寨殿兵鎮陳璋前衝鎮劉俊智武鎮顏望忠守灘保寨并赤山坪游兵鎮胡靖防守東渡寨

仍委戎政王秀奇總督高崎等處協理戎政楊朝
棟總督東渡等處臨朝商酌調遣各鎮管理外又
令神武營康彥邦扎崎尾兼管神武一帶地方更
撥宣毅後鎮吳豪後衝鎮黃昭援勦後鎮張志并
陳廣吳裕水師應援高崎五道等處堵禦邀擊
五月初一日賜姓駐演武臺撥忠靖伯陳輝同安侯
周瑞援勦右鎮下楊元標銃船前提督下方左營
等舡泊海澄港以截漳州大隊水師又于初三日
賜姓親督前提督黃廷右武衛周全斌援勦左鎮
黃昌右鎮林順正戎旗楊富等在海門住偹迎敵

初八日漳州港内先遣大船一百號配漢兵部院李率泰海澄公黄梧督之出海澄港同安港收拾小船将軍達素同全安総鎮施琅以小船配満兵横渡高崎俱下船約初十日進兵

初十日賜姓令五軍陳堯策傳令陳輝等安泊中流不許起柁欲将漳州船出而乘其後倏忽閒満船乘風順流蔽江而下以數船攻一船用鉄鍊釘住炮矢齊發　而登陳堯策周瑞一船及方左営一舡皆被燒殺陳輝一船満兵蜂擁而上輝走入官艙發火藥從下衝上船火飛裂満兵在船上俱死

其船未沉爲官兵奪回陳輝得活時賜姓坐熕舡
繼令何義督之而下八槳船往来督戰時滿兵乘
潮直進海船漸〻退走直壓至厦門港口將午南
風大發海潮漸長黄廷周全斌等奮力迎擊同正
副龍熕兩船破䑸而入龍熕受火彈子一丸至十
餘觔小彈子一斗副龍熕照樣新鑄者各以一船
專載之龍熕所及船中人頃刻間不見形影遂奪
滿先鋒昂拜邦章京紅眼二船出擒侍衛一二等
蝦十餘員并烏沙一船黄廷擒梅　耿勝一船戶
官鄭泰自金門率烏船五十號乘勢衝入宣毅鎮

黄元從鼓浪嶼後衝出夾攻炮聲如雷隐、不絶火煙迷江咫尺不辨共擒滿船十三歸滿先鋒三舡被追至圭嶼棄船登岸馬信招之降夜溺殺之惟留紅帯梅勒士心秀弃隨身披甲二人是日辰時達將軍総督滿漢兵船至牟尾嶼赤山坪登岸殿兵鎮陳輝揮兵于水中逆戰兵少漸不及守高崎右虎衛陳鵬寨通同安施総鎮謀爲内應其左營陳蟒鵬之姪也見勢急欲出兵救援陳鵬止之不許総督王秀奇速令陳蟒赴之滿兵見金龍甲兵至以爲迎己也及下水斫殺始慌乱而前協萬并領兵林雄領鎮協劉雄繼至合擊前衝鎮劉俊亦從東衝出協力拒殺俄而吳豪趕至滿船向前歐諸水師分路衝下擊沉數隻滿兵先登岸者被殺及溺水不計主擒巨馬喇及披甲三百餘人皆斷掌放回達素率全兵回省數日屍浮海岸萬餘長髮者十二三短髮者十七八賜姓磔陳鵬殺其家屬以陳蟒為后衝右鎮何義為后衝左鎮

六月賜姓駐金門後浦合思明州將領官兵眷口移住金門百姓搬移過海聽其自便撥諸提鎮分扎汎地取糧

七月命官兵張光啟往倭國借兵以船載黄蘗寺僧隐元及其徒五十衆時倭人敦請隐元故載與俱往賜姓書與倭國王而不及上将軍主國政者故倭人兵不發

九月諸兵民家眷俱回思明州

十月清弔達素回京問罪達素在省吞金而死滿兵回京水師船隻俱弔入港閣峅

監國魯王殂于金門所

辛丑順治十八年　是歲順治終康熙登位

正月賜姓議取臺湾其地在東南海中延亘數千里

土番雜處天啓年間毆羅巴紅夷占居之于港口
築城與中國日本廣南貿易海邊貧民流寓者種
蔗以糖為業殆數千户時紅夷亦恐海上動兵及
庚子春澓遣通事何斌及其酋長再来議貢何斌
密進地圖勸賜姓取之賜姓陳兵自鎮南關至院
東依山布陣凡十餘里甲兵數萬周全斌統轄戎
旗兵七千皆衣金龍甲軍威甚盛夷人震懾至是
欲進兵諸將雖不敢違阻有難色宣毅後鎮吳豪
曾至其地力言港淺大船難進且水土多瘴癘賜
姓含之惟戎政楊朝棟倡言可取賜姓納之

二月賜姓駐兵金門整理船隻

以兵官洪旭前提督黃廷居守思明州户官鄭泰

居守金門所

三月初一日祭江賜姓督文武官親軍武衛周全斌

何義陳蟒提督馬信鎮將楊祖蕭拱辰黃梧陳澤

吴豪林瑞張志等作首程先行令守澎湖遊擊洪

暄引港各船俱駕到料羅湾聽令開駕

二十二日午時自料羅湾放洋二十四日各船齊到

澎湖分各嶼往扎賜姓扎營内嶼二十七日開船

到甘吉嶼阻風而回三十晚風雨未息賜姓以行

糧已盡傳令一更後開駕三更後晴霽風順四月
初一日天明賜姓至臺灣外沙線各船絡繹俱至
鹿耳門線外此港甚淺沙灘重疊大船從無出入
故夷人不甚防備是日水漲丈餘賜姓下小船由
鹿耳門登岸午後大鯮船齊進泊水寮港登岸扎
營令陳澤督虎衛將坐銃舡扎鹿耳門牽制紅夷
甲版船并防北線尾守赤崁城夷長貓難寔叮發
炮擊盤營并柁馬廐粟倉賜姓恐焚及赤崁衛令
楊朝棟督張志官兵防禦看守
初三日陳澤扎營北線尾守臺灣城夷長揆一見官

兵来齊遣頭目拔鬼仔率鳥銃兵數百前来衝擊
陳澤迎戰一鼓殲之拔鬼仔戰死餘夷退走初四
日赤崁城夷長貓鷄寔叮以城孤救之賜姓遣楊
朝棟招諭之遂率夷人三百餘名出降
賜姓令赤崁夷招夷長揆一等来降不從時夷長
尚有甲版船在港令陳澤陳廣等攻之沉其一隻
焚其一隻走回一隻
初四日賜姓督師移扎崑身築土臺架炮攻臺湾城
揆一等于附城銃城齊攻大銃頃刻土臺崩壞官
兵退回夷人出城奪炮馬信劉國軒率弓箭平射

之乃退賜姓遂令赤崁降夷架銃擊城崩之派馬信等扎臺灣衛固守不攻俟其自降派各鎮分札汛地屯墾

五月初二日二程黃安劉俊顏望忠陳瑞胡靖陳璋等到臺灣

賜姓集文武各官審宣毅後鎮吳豪搶掠百姓監匿米粟斬之右虎衛陳蟒仝罪草職綑責

以黃安曾左虎衛改赤崁地方為東都設一府二縣以府為承天府委楊朝棟為府尹一為天興縣委莊文烈知縣事一為萬年縣委祝敬知縣事

六月十六日銅山守将蔡禄郭義搶掠居民脅忠匡伯張進投誠進詐許置酒請會欲發火藥與之俱焚蔡郭知之不赴張進遂於火自焚

初後提督萬禮密約海澄公黄梧欲據思明州以叛後隨征南京被獲而死已祀忠臣祠矣事洩賜姓徹其木主蔡郭是其黨也故惧而叛清兵入銅山城兵官洪旭會忠勇侯陳豹統水師獲之蔡郭全清兵退走報至賜姓援絕監營翁天祐鎮守而厚卹張進之家

七月紅夷會甲版至吊右武衛前協黄德幇守臺湾

衛名其衛為安平鎮
張志黄招等激變火肚杜土番楊祖與戰中楊鎗死
土番圍張志营黄安陳瑞等破走之
八月紅夷率甲版船来犯賜姓令陳澤同戎旗左右
協水師擊敗之獲甲版二隻小艇三隻自是甲版
退入臺灣港不敢復出
京中命户部尚書蘇納海至閩遷海邊居民之内地
離海三十里村庄田宅悉皆焚棄
先是達素兵至賜姓令思明州搬空其先人来降
者家眷乘隙皆渡海逃去原右提督慶都伯王秀

奇逃回江南埋名不出而原任漳州知府房星曄者為索國舅門館客遂逃入京使其弟候補通判房星曜上言以為海兵皆從海邊取餉使空其土而徙其人立版不許下海則彼無食而兵自散矣遂從其策陞房星曜為道員病死無嗣至是上自遼東下至廣東皆遷徙築垣墻立界牌撥兵戍守出界者死百姓皆失業流離死亡者以億萬計藏納海歸荐同安總鎮施琅為水師提督移鎮海澄

十月同安侯鄭芝龍為其家人尹大器出首通海時康熙新即位四輔蘇克薩與鄭芝龍有隙以初三日

殛芝龍于菜市殺其子孫家眷凡十一人報至賜姓叱爲妄傳中夜悲哭居常鬱悒

十二月守臺灣城夷長揆一等乞以城歸賜姓而撤其輜重貨物下船率餘夷五百餘人駕甲版遠去賜姓遂有臺灣改名東寧

時以各社田土分與水陸諸提鎮而各令撤其家眷至東都居住兵丁俱合屯墾初至水土不服瘴癘大作病者十之七八死者甚多加以用法嚴峻果于誅殺府尹楊朝棟以其用小斗散粮殺其一家又殺萬年縣祝敬家屬發配于是人心惶惧諸

将解體

壬寅康熙元年　海上仍稱永曆十六年

正月賜姓嚴諭搬眷鄭泰洪旭黄廷等皆不欲行于是不發一船至臺灣而差舡来吊監犯洪初闢等十人分當耆社皆留住不遣島上信息隔絶

三月令周全斌調銅山思明州兵攻南澳欲擒陳豹豹短小精悍號三尺陳守南澳近二十年許龍蘇利皆畏之

豹驕傲專志數違藩令兵至倉率、衆搬眷下船不敢十分迎敵揚帆入廣東投誠清爲慕化伯未

幾病疫而死

四月賜姓遣兵官楊都事到思明州奉令箭欲殺董夫人及其長子經以乳母生子之故洪旭等不肯奉令殺楊都事而訛傳周全斌奉密諭欲殺諸將十餘人于是人〻自危洪旭等使周全斌船回廈門港即執而拘之黃昌勸鄭泰殺之全斌求救于董夫人洪旭亦依違乃得免

五月初八日國姓招討大將軍殂于東寧年三十有九提督馬信及諸鎮將黃昭等議以其弟鄭世襲護理大將軍印未幾馬信黃安皆病故世襲以黃

昭蕭拱辰爲腹心援劉國軒管鎮事謀自立報至思明州鄭泰洪旭黄廷工官馮澄世叅軍蔡鳴雷等立長子經爲嗣封世子發喪即位

時靖南王耿繼茂移鎮福建與總督李率泰遣旗中軍王明賞功李有功至思明州鄭泰等議照朝鮮國例渡耿李使疏請而泰遣中軍官楊來嘉同入京待命後不報釋楊來嘉回

八月京中遣户部郎中貢岱兵部郎中金世德入閩安城招撫凡海上文武官投誠者依例照品級升降補用

十月洪旭鄭泰以兵千餘人配船送世藩入臺灣世以周全斌為五軍馮澄世之子錫範為侍衛陳永華為諮議叅軍至澎湖其將李思忠船飄至臺灣知諸將有謀逃回世藩隨即防備因乘風入鹿耳門登岸全斌令連夜伐木為柵扎营次早黄昭會諸將出兵值大霧晝冥跬步不可視諸將多迷誤失期惟黄昭兵先至攻其前劉國軒兵至攻其後破營而入世藩兵卻擠而前黄昭攀木梯為流矢所中墜下全斌令斬其首大呼示衆軍士皆迎降大霧忽晴日已向午鍾宇等至皆反戈而迎世藩

入安平鎮請世襲至待之如初襲委罪于其僕蔡
雲〻自縊收殺拱辰李應清曾從龍等餘皆不問諸
将營兵撥守汎地如故

十一月世藩率周全斌等同其叔世襲回思明州後
世襲入京歸命授精奇尼哈番　顏夫人鄭芝豹自
戌所發回准在京同住

海上見聞録定本卷下

鷺島遺衲夢庵輯

癸卯康熙二年

正月世藩駐思明州時洪旭守思明鄭泰守金門黄廷守銅山世藩得鄭泰與黄昭往来書欲襲取之泰不自安稱病不来見

三月命周全斌督船入海澄港取粮欲襲金門見其有備乃止

四月叅軍陳永華謀以世藩将回東寧而謀鄭泰爲居守户官統轄諸鎮資其餉給兵鑄居守户官印

遣協理吳慎齋至金門泰遣其弟鳴駿入謝世藩
慰諭之見陳永華情欵甚密鳴駿囬力勸其行泰
遂六月初六日帶兵舡并餉銀十萬至思明是晚
入城赴席世藩以其前通書黄昭面質之遂交與
洪旭監留周全斌率兵并其船獨蔡璋一船走脫
天未明至金門鳴駿倉卒與泰之子纘緒率諸將
及兵丁眷口下船入泉州港向總督李率泰投誠
船凡二百餘號兵八千餘人全斌等追之不及後
京中封鳴駿爲遵義侯纘緒爲慕恩伯文武官班
賞叙用有差

初十日鄭泰見其子弟家眷兵衆皆入泉州港遂自盡而死

七月以黄而輝爲思明州知州而輝黄廷之子

八月黄廷自銅山入見世藩慰諭之

自鄭鳴駿入泉州人心解散鎮營多叛右武衛楊富左武衛何精義忠伯陳輝等文官參軍蔡鳴雷礼官都事陳彭等皆先後投誠

九月紅夷糾集甲版船十六隻夷兵數千會靖南王李總督約同攻兩島候事定之日欲求語嶼築城貿易如廣東香山澳例後准納貢互市李總督遂

議于島

十月調兵陸路提督馬得功督鄭鳴駿以船数百歸出泉州港水師提督施琅同海澄公黃梧出海澄港靖南王耿継茂同荷蘭國紅夷扎營同安港之劉五店至期下船渡海守高崎正兵鎮陳昇先約降

十一月世藩率黃廷周全斌等會船于金門海夷船高而且大一船有大小熕銃千餘歸横截中流為清船藩敵是日炮聲如擂鼓從辰至酉相續不絶不啻如雷轂霹靂世藩見夷船多炮衆寡不敵乘

潮漸〻退出浯嶼周全斌等十三䑺船在後迫于潮長不浔出遂直遶夷船之後衝大䑸而入夷船發熕齊擊無一中者馬得功坐鳴駿中軍船全斌誤以為鳴駿也直前攻之黄廷中軍将吴朝寗世藩親軍将蕭秉龍前後夾攻揮兵過船浔功親隨鉄甲精兵三百人皆被殺下水得功頓足自投水而死再攻楊審一船焚之楊富投水遇小艇救之浔免所遇之船多被攻沒遂揚帆直出日暮收兵海上不知馬浔功之死也黄廷議欲再守數日周全斌以為船多被夷炮損壞不如退守銅山遂棄

兩島而去
先是李總督給示准島中百姓過界思明州知州
黄而輝設世藩准島民渡海令下三日而永華漫
啟世藩禁之至是清兵入島遺民尚数十萬多遭
兵吸男婦係纍童稚成群若驅犬羊連日不絕而
投誠兵捜掠財物發掘塚墓至剖建國公鄭彩之
棺而殘其屍隳城焚屋斬刈樹木遂空其地而
嘉禾斷人種之讖應焉
十二月世藩至銅山衆心離散鎮營多叛而兩島之
舊将殘兵官員紳士無船可渡海者或投誠或逃遁

流離失所死亡殆盡矣

甲辰康熙三年

正月世藩駐銅山諸軍乏糧周全斌欲襲洪旭而併其船洪旭亦防之值海風大作船各飄開全斌遂率其衆入漳投誠後封承恩伯而洪旭以杜輝守南澳輝亦掠其輜重投誠

三月世藩同馮錫範陳永華等率餘衆回東寧工官馮澄世一船為其家丁所迫自投海中而死洪旭以二十舟候黃廷同行時黃廷部下兵將多不願行議欲使其子而輝率壻吳朝等率衆投誠而自

已帶家眷與洪旭往東寧遣黃梧遣陳克㨗來招
降黃廷遂入漳投誠後封慕義伯洪自往東寧
八月李率泰上疏議取臺湾京中以水師提督施琅
掛靖海将軍印総督投誠将周全斌副之整舟師
數百歸候風開洋
乙巳康熙四年
四月靖海将軍施琅等出洋未至彭湖港颶風大作
各船飃散不能相顧皆引還未幾召施琅入京加
伯銜為内大臣歸旗其餘降将亦多以総鎮副将
補

丙午康熙五年

丁未康熙六年

部議分撥海上投誠官兵移任外省先撥慕義伯黄廷駐河南鄧州隨召承恩伯周全斌入京遵義侯鄭鳴駿病故其子纘成襲侯慕恩伯鄭纘緒病故其子修典襲伯皆召入京師歸旗其標下官兵及别鎮兵各給行粮分駐于浙江々南江西湖廣河南山東山西四川諸省屯墾荒田給其牛種免其六年租税将領或督墾或撥在督撫提鎮等衙門効勞文官赴部候補

戊申康熙七年

己酉康熙八年

世藩在東寧以陳永華理國政馮錫范管侍衛劉國軒等管兵忠振伯洪旭病故其子洪磊及永華之姪陳繩武等皆任用

改天興萬年二縣為州置鳳山諸羅二縣課耕種通魚鹽安撫土番貿易外國向之憚行者今喜為樂土焉

浙江投誠將孔元璋請往臺灣招撫京中遣大臣明珠蔡毓荣至泉州加興化府知府慕天顏卿銜同

渡海往議世藩遣柯平葉亨到泉州議照朝鮮例
稱臣奉貢不剃髮不登岸議竟不成而数年之間
海上亦相安無事

庚庚戌康熙九年

辛亥康熙十年

壬子康熙十一年

癸丑康熙十二年

十一月吳三桂舉兵反遂陷滇貴四川河南岳州諸
郡縣稱大周元年

初平南王尚可喜疏請歸老遼東而留其子安達

公之信襲鎮廣東朝議許之并令舉家歸旗平西
靖南相繼疏請俱可報至是平西反乃命二王仍
留駐鎮
時耿総茂已死耿精忠襲王時三王交通逆命雖
復停留而反謀决矣
甲寅康熙十三年
三月十五日耿王傳各官入府議事総督范承謨巡
撫劉秉政至伏甲執之知府王之儀建寧同知喻
三畏走出被殺范承謨被拘以劉秉政為統制使
鄉官蕭震為布政司自稱総統兵馬上将軍移檄

各府縣俱望風而降

十九日耿王檄至泉州提督王進功是夜縱諸將焚刼燒南街西街樵楼殺掠到晚紳庶無遺傳檄各屬縣皆降興化鎮馬惟興刦興化守倫郭維藩刦惠安獨同安城守張學堯晋江水師營李尚文所部無犯耿王再遣通事黃鏞至臺灣初耿王將拒命遣鏞通世藩請師爲犄援至是又遣鏞見世藩請以舟師由海上出江南而已統陸師出浙江鏞回言海上船不满百兵不满萬耿王始輕之

耿王以黃梧爲平和公梧病疽受印不數日疽壞

而死其子黃芳度襲封管其兵
駐漳海道陳啟泰黨于范承謨與耿王有隙至是先
殺家屬十餘人乃自縊陳為官則甚貪于死則甚
烈
漳浦鎮陳炎海澄鎮趙得勝俱降耿福寧鎮吳萬福
貪魁失將士心謀拒耿衆不從耿王遣都尉曾養
性督兵至萬福出降誘殺之養性等乘勝長驅平
陽総鎮蔡朝佐降温府處二府皆下
四月潮州総鎮劉進忠降耿密請耿令劉炎率兵會
之夜攻同安城續順公沈瑞併其兵耿王台王進

功至福州留之徵其兵
世藩遣協理禮官柯平至福州報命時耿聲勢已振
謾應曰世藩来甚善各分地自戰可也由是兵端
遂起
世藩侍衛馮錫范鎮将劉國軒率舟數十兵數千
先至廈門
耿王檄諸路兵出閩黃芳度遣黃翼帶兵千餘人
應命趙得勝不從與馮錫范陰約以海澄歸命于
世藩隨将兵進次同安王進功之入省也耿王調
張學堯鎮泉州以化尚蘭代守同安世藩兵至尚

蘭迎降獲學堯家眷學堯聞内变趋回施福引之俱降世藩

五月世藩至思明州以趙得勝為左提督封興明伯張學堯為左先鋒鎮化尚蘭為仁武鎮遣人至耿王處議撥船及地方安插兵丁耿王不答又禁買船料貨物遂成仇隙至是耿王聞同安之失乃遣王進率部卒千人入鎮泉州王進號王老虎原為漳州副將時提標五營兵將不肯應調王進至與城守賴玉相結納用提標守備戴國用為爪牙勤王進功家眷入省耿王復遣兵接應兵将至進功

之子錫藩與其屬楊青等議先發以制之
六月初一日以提督大人之命召諸將議事誘賴玉
戴國用李尚文等執之率兵攻王進〻走登塗門
樓意氣自若提標兵無統帥相持竟日進恐海船
至更深整隊出城而去
初三日錫范等殺賴玉分其屍
初四日絞殺戴國用釋李尚文迎世藩入城以錫藩為
指揮使暫理提督軍務
黄芳度襲殺漳州城守劉豹〻耿王所署也世藩
遣人諭之芳度遂降封德化公授前提督漳屬錢

粮聽其徵給芳度終不自安差人間道齎密疏入
京
七月平南王遣兵圍劉進忠于潮州耿王不能援進
忠求救于海上世藩遣援勦後鎮金漢臣率舟師
援之以進忠為右提督封定虜伯
九月耿王以步騎三萬遣王進攻泉州鼓行至惠安
肆行焚掠世藩命劉國軒督諸鎮并統五營兵禦
之對壘逾旬進退屯楓亭列營二十餘里
十月國軒兵至塗嶺嚴陣會戰王進見前陣皆新募
之兵直前擊之兵皆惧法死戰國軒令許耀分兵

襲其後焚其營盤進兵大敗國軒追至興化城外

三日夜而還

十一月周吳三桂前遣禮曹錢點来聘值鄭耿二家

交兵回報復遣礼曹員外周文驥来和解

劉炎在漳浦不降世藩寇請援于耿王耿遣兵會

之至平和世藩檄黄芳度擊走之耿王漫其親軍

都尉徐鴻弼自間道入漳浦世藩以馮錫藩趙得

勝督諸軍攻之鴻弼劉炎會雲霄鎮劉成龍合兵迎

戰于羅山右虎衛何祐揮軍擊之鴻弼等大敗走

回城馮錫范以紅夷衛大炮擊入城中劉炎等大

惧同鴻弼成龍俱出降
十二月趙得勝督軍援潮州與平南王兵戰于黃岡大破走之潮圍始解初進忠被圍金漢臣一軍盡殲焉進忠極力守禦將及半載至是廣兵燒營而遁世藩分設六官名曰協理洪磊為吏官楊英為戶官鄭斌為禮官柯平為刑官楊賢為工官兵官缺置六科都事都吏察言司承宣司賓客等司陳永華為捴制留守兼管勇衛馮錫范為侍衛二衛皆親軍薛進忠為左武衛劉國軒為右武衛何祐為右虎衛以施福為五軍其左右先鋒及諸鎮營

皆聽五提督調遣凡文武事宜皆贊畫參軍陳繩武侍衛馮錫范主之

初世藩之来思明州也兵餉取給于東寧洪磊承其父洪旭遺命助餉銀十萬兩至是兵衆餉多轉運不給乃以六官督比民紳士富民以充之以鄭省英為宣慰使総理各府縣錢粮百姓年十六以上六十以下每人月納銀五分名曰毛丁船計丈尺納稅名曰樑頭及設各府塩引分管塩埸以給兵食

乙卯康熙十四年

正月耿王遣張文韶来賀正議和送船五隻世藩遣
礼官鄭斌報使約以楓亭為界自是鄭耿交好
二月永春馮眺峯寨民呂華不服徵派薛進忠圍之
三個月不下知縣鄭時英諭之出降釘殺之家族
發淡水充軍
續順公沈瑞駐饒平劉進忠攻之不克廣兵来援何
祐過之于百子橋破走之瑞出降改封懷安公傳
流洪経畧承疇胞姪士昌天倫天思及眷口于東
寧之狼嶠法公論也流前進士楊明琅及眷口于
狼嶠以其過崇禎帝梓宮不下馬又修南安縣誌

以海上為海寇也後皆死于流所知南安縣事劉祐有云洪經畧未必盡是鄭國姓未必盡非世藩悦其言召已逃回籍矣

五月劉進忠請大師南下許之

初六日世藩入海澄遣斌入漳慰諭黄芳度或束兵入見或率兵隨征芳度終不受命家調回黄翼出閩之兵耿王移檄召之亦以疾辭世城之許

劉國軒率諸鎮兵至潮與進忠規取屬縣之未附者安達公尚之信悉力守禦相持日久粮乏兵病

之信調十餘萬盡銃来攻國軒自新墟寨一日一
夜退至黌母山以餘粮露載車上宣慰使洪磊懸
金以賞有功軍心稍定進忠與國軒議曰之信大
兵必從小路而来出我不意須得勁將扼之惟何
祐可任然不可言其故恐其心怯予可嚴陣以待
而予將騎兵背城以爲應援國軒從之是夜見大
路上數營火光點、進忠令放大炮擊之見火光
不動進忠曰是空營也我兵可安寢以待攻日之
信率兵從小路而来何祐見大隊突至欲退不可
冒死奮勇極力擊之無不以一當百之信大敗退

走國軒等窮日夜追之殺死不計其數是役也以飢卒数千破敵兵数萬由是何祐之名振于粵東祐綽號何錐子

六月世藩自海澄移檄萬松關黄芳度令其下俱剃髮據守遣其兄芳泰入粤請援世藩進攻不利援勦浚鎮萬宏登梯中炮死乃築長垣圍之調何祐堤潮州先攻平和縣守将賴陞降諸屬縣皆下

十月海澄公標将吴淑以漳州降

初淑投清屬公標黄梧待之厚将死呼淑托曰吾兒年少君可保全之及城被困日久潜謂其弟潜

曰我本海上舊将公雖待我厚我負罪于先藩寔
深今世藩待我眷旋恩尤有加豈可及圖逆命遂
以初六日開城大兵入芳度倉皇投開元寺井而
死獲其将黃翼蔡龍朱武張濟戴麟陳驥黃瑄等
皆斬之沒其家剖黃梧棺戮屍斬首及芳度首揭
以徇衆有議發梧祖塚者世藩曰罪止其身于先
世者何與不許
後清贈芳度爲忠勇王時芳泰往粵求援會其兄
芳世由汀州至永定亦以是日破永定縣開漳州降
乃大掠而遁世藩以足淑爲後提督吳潛爲戎旗

二鎮

十一月令龔淳往日本取回鄭泰所寄之銀淳乃泰委寄之人并執有票可據先是兩家紛爭夷人皆不肯與至是夷人混開支銷銀凡四十五萬僅淂二十六萬而回

丙辰康熙十五年

正月以右虎衛許耀前衛鎮洪羽等率師會在潮諸軍攻取廣東州郡

二月平南王昏病日甚會周師克肇慶韶州等處廣州人〻自危駐潮諸軍聞報燒營遁回劉國軒劉

進忠何祐等分南北兩路而進碣石鎮苗之秀軍程鄉其妻在汛遣人迎降仍勸之秀納降款世藩許其田鎮碣石國軒等水陸並進圍惠州攻博羅不下旋下長樂新安龍門等縣之信窮蹙遂乞降于周〻封之信為轉德公令其讓惠州于海上之信檄提督嚴明撤守兵田廣遣使餽弓馬幣帛通好召以國軒鎮惠州東莞守將張國勛亦降以為後勁鎮自是與周分界而守

五月耿王調汀州鎮劉應麟兵出關麟不從密來通款乃遣兵潄挺兵馳書與耿王言欲假道汀州以

出江右耿王遣兵防城應麟懼其圖己率所部州掠瑞金石城吳淑兵至應麟與謀攻城下之以應麟為提督

七月調劉進忠出師進忠稱疾不行進忠自潮州定後来見世藩待之礼意踈畧見左右用事者皆碌碌知不足與有為及假汀州嘆為失計至興寧與諸将不協流言日起遂稱疾回潮陰為自守之計

九月耿王師出浙江者為総督李之芳所扼多被擒敗京中遣康親王提兵乘機入閩兵出江西者総督蔡毓榮及満州兵移駐兵拒之失廣信棄建昌

大勢已潰又聞汀州已破益憂內顧諸將遂密謀詐作耿王投誠獻閩耿王聞変收王進范承謨蕭震絞殺之欲乘船奔海為都尉徐文耀所脅不得出城遣王進功田泉取救兵密囑曰吾忍死以待也延平已失不得已于十九日剃髮迎康親王入福州後耿王入京與徐文耀及諸將領皆伏誅興化守將馬成龍以城来降令許耀率兵赴之

十月令許耀督諸軍進取福州駐師烏龍江許耀驕從諸將不服飲酒嬉戲無他謀畧　清来渡江有議于平渡擊之不聽既登岸倉皇出戰前鋒死鬭

不能分兵救援及少却又不殿後引兵先走委棄
輜重器械不可勝計乃遣趙得勝何祐屯興化以
禦 清兵
耿王檄曾養性等自温州航海回閩朱大貴以舟
師来降其餘逃入福州奇兵鎮黄應選擊之獲巨
船数千歸

十一月邵武守将献款于呉淑〻赴之移兵據守

十二月 清兵至邵武呉淑禦之時大雪嚴寒諸軍
渉溪拒戦皆凍壊不能走遂棄邵武退劄汀州
清兵進至建寧縣薛進思守汀聞之驚惧失措劉

應麟顧傾貲餉兵固守進思猜疑不從棄城而走
應麟奔潮州依劉進忠發憤病死
平南王尚可喜于九月病故之信遂遣使報訃并請
其妹奔喪妹沈瑞叔母也許之并遣使弔喪周封
之信為轉德親王

丁巳康熙十六年

正月　清兵至興化時諸軍銳氣已喪何祐又與淂
勝不睦淂勝出戰何祐坐視淂勝力戰而死何祐
奔回泉州

二月初九日　清兵至泉州守將林定無備城破標

将林孟參宿營謝貴死之林定素與民相安近于
民聞剃髮走免諸軍潰散
十九日　清兵至漳世藩倉皇登舟至海澄棄而不
守至厦門欲回東寧百姓歸江攀留角宿營吳桂
整兵防守衆賴以安繼而餘衆稍集乃遣水師防
衛分汛而守
祭趙得勝親臨哭之斬薛進思原姓名裴德許耀細
責耀病剥痢不數日死何祐吳淑戴罪自効、
遣諸将家眷搬回東寧王進功沈瑞張學尧等陸
續起程劉炎以母老病至外洋勒兵刼船乘風下

碣石衛依黄之秀後歸清至京流徙寧古塔
三月時諸將追集思明兵餉不給乃分汛南北地方
措餉召募以前虎衛林陞等水師樓船中鎮蕭琛
等駐骨陽政定海福寧一帶地方以後提督吳淑
楊威前鎮陳昌戎旗一鎮林應奇兵鎮黄應等駐
同安至潮陽揭陽一帶地方
三月漳浦巫者朱寅挾左道詭稱三太子聚集海上
殘兵率二百餘人于十九夜襲泉州攀堞而入鳴
鼓揚旗從開元寺前至西街守兵以為海兵復至
乃於復門前發一大炮寅乃抽回出城而去人以

為神附者日衆屢屢皆勝蔓延於漳泉屬縣凡深山窮谷岩寨無所不到泒粮以食頭褁白布時人謂之白頭賊

六月劉進忠擁兵觀望世藩遣户官至潮徵餉不應買運又閉糴猷疑於周至是歸　清後召至京殛死

劉國軒在惠州尚之信歸　清孤城難守世藩遣水師迎之乃率所部航而歸

清以黄芳世襲封海澄公授汀漳總鎮公標守倫黄藍授海澄總鎮芳世請兼水師提督許之芳世至

閩驕傲專用北兵人心不附
周将韓大任據守吉安　清兵圍之經年無援乃
造小舟於城內乘夜以繩引舟截江渡兵潰圍走
入閩界欲下海有信來通十月世藩遣何祐等至
南靖小溪收兵吳淑等至長泰扎天成寨以遥應
之大任竟以粮盡就國省投誠
後大任歸旗從大兵征噶爾旦衝陣而死
十二月　清兵圍吳淑于天成寨朱寅率衆來援吳
淑突圍而出
康親王遣漳泉二府知府同泉紳黄志美等照朝鮮

例来議撫海上不従亦無報使

戊午康熙十七年

正月泉州提標兵廵界駐日潮水師四營陳陞擊之大為所敗標兵乘勝侵掠東石等處

二月以劉國軒為中提督總督諸軍後提督吳淑為副

初十日國軒督軍至海澄攻玉川　清守将劉宗降猶三人河福澥皆下

十八日進取江東橋　清守将王重禄呂翰等奔潰遂燒斷橋梁以絶漳泉大路漳州援兵至國軒分

兵擊敗之三戰三捷軍聲大振二十三夜取石碼
獲清守將劉　楊朝宗遂軍于祖山頭以逼海澄
清副都統孟安等自潮來援國軒退屯石碼築垣
拒守仍分兵屯漳州郭外清提督段應舉自泉州
來寧海將軍喇哈軼達自福州來平南將軍賴哈
自潮州來先後應援國軒倏水倏陸滿漢疲于奔
命三月初一日國軒列陣郡東赤嶺清兵背城迎
戰前虎衛林陞一軍當其鋒殺傷相當朱寅率兵
按天寶山以牽漳兵之勢黃芳世擊敗之寅遁入
長泰

國軒樹柵叟橋一帯離漳数里満漢諸将會議以一隊同黄芳世扎水頭小湾腰樹一隊扎鎮門安炮以斷其往来水路國軒偵知于一日黎明焚營徹兵漳兵意其遁也少頃擧帆直抵水頭登岸涉嶺進戰芳世素不知兵又與漢将不恊呉淑攻之戰敗墜馬遇救淂免走入漳城病月餘死自水頭之敗海澄餉道阻絶段應擧會緑旗兵及満州将軍兵数萬列營祖山頭十八日下午國軒兵至應擧揮兵迎敵何祐以却江勝呉淑等繞出祖山之背國軒督勁率登山衝満州營満兵敗走衆大潰

國軒又以逆兵截漳州大路滿漢兵棄輜重自相
踐踏奔入海澄國軒夜令軍士鑿塹一人一丈引
江水環城繞之外又鑿溝数里深沿堤两岸安銃
守之由是内外阻絶
是月初三日吴三桂稱號于衡州以周為国號改
元昭武
四月　朝命召総督郎廷佐入京以布政司姚啟聖
代之勅巡撫楊熙致仕以按察使吳興祚代之調
江南提督楊捷代段應舉援兵四集屯筆架山以
救海澄

五月劉國軒以筆架山南小寨懸崖狀如掛燈俗呼燈火寨下臨大溪順流可通海澄問誰可扼守吴淑請往乘夜率兵進寨天明寨柵完備初十日酉時滿營發炮攻擊連夜不絕淑令畢士穴地藏身無死傷者馳報國軒以爲乘夜發炮意不在寨當別防之信至滿漢兵齊至祖山岳領破林彪張鳳二營鳳戰死進攻林陞營國軒援兵至姚啟聖之子姚儀統韓文任降兵以牛戴土囊填溝至第三重國軒發大炮齊擊之死者無數漢滿兵多填于塹遂退時京中　上諭有能救海澄及城中兵將

有能拔圍而出者皆重賞奈國軒鑿塹通潮圍至數重不可復救矣

六月初十日國軒攻入海澄城段應舉穆伯希佛自縊黃藍不知所終獲孟安馬虎等滿漢官三十餘員皆釋之授官給俸滿兵千餘遷之東寧時城中滿甲二千馬八千餘足綠旗兵城守兵計二萬餘圍八十三日糧盡殺馬而食馬盡屑馬骨食之死亡及泅水而出者過半閩省震恐諸援兵退守漳郡朱寅下海封爲蕩虜將軍改名蔡明義歲餘病死國軒議乘虛以泉州令吳淑分兵下長泰縣國

軒兵至同安都統雅大里走回泉州擒鄉總兵黃朝先斬之與何祐江欽楊德十數騎離隊伍先行至泉城循清源山于東嶽相視营地城中兵不敢出久之隊伍始至扎空营于平地城中兵終不敢出

七月國軒水陸並進江欽攻南安殺守将諸縣守兵相継棄城逃走遂取南門橋鋭城載龍熕及大銃數十歸攻南門城、崩壞四十餘丈盡為平地城內再築矩墻以守清城守馬勝等以釘、裝船板鋪于地上兵入城無躂足處損傷甚多會天大雨

城竟不援圍泉兩月援兵四至将軍喇哈達從漳
平關道出安溪巡撫吳興祚同游浙江右提督由
白鴿嶺出永春提督楊捷由廣橋進河市會合来
南安皆未敢向前清提督調水師林賢黃鎬等出
閩安鎮遥為聲援
八月水師鎮總督蕭琛守定海林賢等舟師至琛戰
船不先期整頓議以舟寡且小欲據上流牽制之
水師五鎮章元鎮欲先發制人率所部十舟進戰
林賢等擊之衆寡不敵阻風遂流一軍盡沒被擒
入福省殺之琛不防倏遇敵大潰退泊海山遂妄

報福州水師兵大至世藩遂令劉國軒退兵以守思明國軒于二十四日退兵下船隔三日城中兵始敢出世藩召回蕭琛斬之以援勦左鎮陳諒後鎮陳起明督朱天貴等水軍防禦北船

周王吳三桂病死衡州孫世藩立其姪應奇守岳州驕而貪 清兵攻之棄岳州遁回于是雲南湖廣皆不守遂亡

九月劉國軒入江東橋至長泰滿漢兵遇之皆披靡乘勝長驅至耿精忠營衛之馬中炮掀國軒墜地有滿州披甲前蒙国軒放回遇之以騎授國軒姑

走免滿州主将詢知恕而赦之國軒出江東守汉
河列营觀音山與滿漢兵軍壘相望
十月時漳泉屬縣盡棄惟據守海澄姚啟聖等難于
復命乃遣人来議息兵安民意欲得海澄也海上
竟不從
十二月再議遷界甲寅之変閩省遷民悉復故土丙
辰八閩已復康親王疏稱遷界累民罷之至是督
撫請再遷從之
己未康熙十八年
正月時雖設界而海汛往来内地派糧如故　清朝

乃議上自福寧下及詔安三十里量地窄要築小
寨安守兵限以界墻由是瀕海數千里無復人煙
先是思明州民每月每戶輸米一斗自二月起每
戶再加一斗劉國軒請停文武俸自出粮餉兵三
月從之

三月姚啟聖以果堂寨逼近江東橋欲發兵據守國
軒偵知同吳淑發兵入據其寨漳兵至擊走之
自定海失守以朱天貴守海壇陳諒為水師總督
于廿九早各船乘南風迅發進泊定海福州集船
百餘歸由五虎門而出陳起明朱天貴率熕船衝

䑸而入擊破十餘船獲大鳥船一隻值大風暴起
福船收入五號海船收泊海壇
四月陳永華啟請長子克𡒊為監國時年十六歸曰
監國世孫
六月鄭時英駐東石督餉時禁界鹽貴居人多私来
東石販鹽時英献策欲掘沿海鹽埕則利盡歸于
我世藩乃檄林陞令楊忠率兵往潯尾掘南北塲
鹽埕忠至深扈舍舟登岸連掘兩日夜兵不就船
竿頭守將密請泉城大隊兵亟四面合攻忠力戰
不支中炮歿于海餘衆死傷逃亡過半界禁既嚴

私販亦絶

七月國軒築潯尾寨一夜而成同安守将兵至擊走之復築泗洲城由是同港八槳船不敢出

京中以萬正色爲福建水師提督正色晋江人歸誠任叅将以四川朝天関功陞岳州水師総鎮湖南平遂擢是任

八月初耿王之变漳浦人江機與楊一豹同時聚衆于江右依耿王攻清兵克復江西招降不從攻之不能克據皇禁山攻掠村社至是通欵于海世藩授爲征夷将軍是率衆入閩建寧守将劉起龍禦

之陣傷敗回而死機足跛歸楊子一豹清年壯勇
後投誠遂流寗古塔
九月右武衛林陞汛守東石取給軍餉及楊忠敗死
林陞調兵隨征僅以散卒三百餘人委施廷陳申
守寨時有數卒入泉城報知城中發馬步數千於
廿五日四面環攻施廷被創陳申戰死寨破兵民
赴海死者無數　清兵仍築三寨犄角以守
十月國軒離潼城五里而軍時援潼滿漢兵共十餘
萬國軒兵亦有萬餘營壘咫尺相望指揮自如諸
軍畏之如虎國軒以果堂扼要重地初八日率兵

就果堂復販尾地方再築一寨初九日工未就滿漢将軍提督集兵数萬齊至銃不可當國軒與吳淑何祐林陞江欽（又名江勝）不滿二千兵奮勇死鬪日午至申衝擊殺疊國軒戒依寨且守且戰每次炮發無不披靡陣斬章京巴石兒等其餘帶傷以数千計始引回自是氣奪兵不敢出國軒時縱率数百人皆持鹿銃間以鳥鎗渡河衝擊身登土阜據胡床張蓋而觀之滿漢兵過之無不摧破皆堅壘貞守不暇又善用間諜諜敵人情狀纖悉必知時謂之劉恠子

姚啟聖遣人至海上議息兵又說國軒罷兵就撫國軒移詞以謝啟聖又設修來館懸重賞海上文武兵將來者次第俱賞銀有差降者日數百人時諸軍缺糧國軒一切不禁頭領與兵下長髮與短髮往來循環而國軒兵額亦不缺

十一月吳淑守版尾寨　清兵築壘環攻炮轟日夜不息淑處之晏如身被傷瘻染病不以為意時值陰雨新築垣壘多壞揮左右避之自踞東而卧初八夜二更墻傾壓死舁至思明世藩親臨哭之以其次子吳天駟為建威左鎮統其兵

十二月姚啓聖吳興祚大集舟師攻廈門題請浙粵
水師尅期協攻世藩調各洋船私船配兵北上以
右武衛林陞為総督左虎衛江勝樓船右鎮朱文
天貴為左右副総督率諸軍禦之

庚申康熙十九年

正月水師提督萬正色督舟師出閩安鎮撫院吳興
祚率兵沿海援之林陞分船三十歸守海壇自統
船六十歸泊泉州臭塗湾

二月萬提督至海壇海船俱退至泉州迎敵萬提督
至圍頭朱天貴以七船衝其艅所向無前俄海風

大作萬提督乘風收拾各船入泉州港而沿海岸上安炮陸師防守海上各船無所所乃退至金門世藩所親幸施福密通姚總督欲爲内應使授降兵數百人挈眷來歸乘機欲舉事国軒諜知啟藩收殺之併及施齊福即施亥齊施将軍長子世藩議欲撥國軒兵三千配小船直入泉州港攻萬提督使又持令箭抽兵時兵已久無粮盡皆退潰國軒禁不能止海澄守将陳昌以城降 清國軒至廈門知勢不可爲收拾餘衆下船百姓遮道攀留

廿六日兵変擄掠世藩焚演武亭行營盡率諸將登舟

協理五軍吳桂聚散卒據廈門以待　清兵

廿八日萬提督兵入思明州

二十九日世藩至澎湖朱天貴守泊銅山姚總督招

之遂投誠

三月十二日世藩回至東寧

五月東寧地有聲如驢鳴半路店雨雹大如鷄子

六月總制陳永華晝坐見有衣冠甚偉者自稱行灾

使者欲借其衙署約三個月然後去永華誕設席

張樂讌之與之談甚久餘人不見也即封衙署借

之
承天府豬生四耳三目前二足向上
令田一甲出丁壯一名
七月陳永華病故
十月劉國軒營中豬生子獸身人面
十一月白氣長數丈見于西方
辛酉康熙二十年
正月二十八日丑時世藩殂於承天府行臺
三十日馮范劉國軒調兵駐承天府會六官議立嗣
董太妃與諸公子收監國印克𡒉不肯與擁兵自

衛公議以克壓乃乳母抱養之子非親血脉乃縊
殺之妻陳氏亦自殺永華之女
二月初一日董太妃率世子克塽登位時年十二歲
錫范之壻百官朝賀畢太妃起出位諭所以誅監
國故以世子附托馮劉等佐竭力匡扶涕淚沾襟
衆心大慰
以馮錫范為忠誠伯劉國軒晋武平矦國軒初以
海澄公功封武平伯至此封侯
大赦國中
以二公子聡為輔政公領護衛

三月以五公子智為右武驤將軍募兵
四月以三公子明為左武驤將軍募兵
五月総督姚巡撫吳陸提諸水揔萬題為報明事本
年四月廿一日據舉人黃金從呈繳偽官傅為霖
密稟內開偽藩于正月廿八日病故三十日縊死
其監國長子欽舍二月初二日立泰舍叔姪相猜
文武解体主幼国虛時不可失等情到臣等又據
龍溪縣逢到偽官廖康方稟稱相同俱與臣等密
探相符此乃天亡之時但臺灣孤懸海外統師遠
勦時地難測非臣等所敢擅定會同具題請

密示臣等遵奉施行
六月十六日董太妃薨時協理刑官柯平已病故陳
繩武闇任國事錫范主之兵事國軒主之
八月廿八日中軍營火
九月初三日塗輕庭火
十月賓客司傅為霖通清事發逃亡廿八日獲之
十一月初一日誅傅為霖及同謀宣毅左鎮高壽都
吏陳國威盡殺其子弟續順公沈瑞令自經家屬
入官發配礼官斌之女
總督姚上䟽請攻臺灣力薦內大臣伯施琅可任水

師提督萬言臺灣難攻且不必攻朝命召見施琅
仍以靖海将軍充水師提督改萬正色爲陸師提
督代諸邁

壬戌康熙二十一年

正月施将軍出京至閩于廈門各處調兵修船劉國
軒以銃船十九歸戰船六十餘歸兵六千人撥諸
将守澎湖身往来督視

五月姚総督率官兵至銅山候風

劉國軒至澎湖臺灣列兵至銅山候風守各港澳

六月姚総督官兵回汛

七月國軒歸自澎湖安平鎮火
施將軍題請專征奉　旨相機進取
十月歲饑
十一月國軒至澎湖
十二月承天府火災沿燒一千六百餘家米價騰貴
民不堪命國軒歸自澎湖
癸亥康熙二十二年　海上仍稱永曆三十七年
正月馮錫范偹兵鹿耳門
二月米價大貴人民飢死甚多
五月劉國軒率師至澎湖

六月十四日施将軍自銅山開船大小五百餘歸姚
總督撥陸兵三千隨征十五日到八罩
十六日進攻澎湖國軒列架炮巨艦数十以待諸将
皆望而逡廵惟提標藍理曽成張勝𤼵黃旗侍衛
吳啟爵同安游擊趙邦試海壇游擊許英銅山遊
擊阮欽為七船冒險深入鏖戰海艘齊出已圍施
将軍恐数船有失急将坐駕衝入内外攻擊敵稍
却将軍遂同七船隨流而出時天色将晚遂在西
嶼頭洋中抛泊十八早舟次于八罩以收諸軍國
軒聞而喜曰誰誰施琅能軍天時地利莫之能識

諸君但飲酒以坐觀其敗耳蓋澎湖六月数起颶
風無三日晴朗而近澎諸島下有老石槎枒若銑
樹削利無比凡泊舟下札遇風起立决而颱乗莫
不危之然停泊数日浪靜風恬亦天幸也十八早
移至虎井施将軍乗小舟于内外塹峙閒察覘形
势于是再申軍令嚴明賞罰命総督陳蟒等領船
五十䑸從東畔峙内直入四角山又令総兵董義
等塡船五十䑸從西畔内塹直入牛心灣以為疑
兵示以若欲登岸者将軍自率諸鎮将部署大鳥
船三十六䑸居中分為八股排入餘船以次而進

以爲後援指畫既定俟風而舉二十二日巳刻南風大發南流湧起遂下令揚帆䑐進風利并駃瞬息飛馳居上流上風之勢壓攻擠擊一可當十又多用火器火船乘風縱發烟焰弥天海舟相沿燒燬殆盡國軒見勢蹙難支遂乘小舟從北面孔門逸去而全軍覆没矣是役也惟前鋒林賢朱天貴二船初入灣澳天貴倏中炮而死林賢被傷两箭餘諸軍皆無恙國軒敗回羣情洶洶䰟魄俱奪惟有束手待斃而已于是施將軍駐師澎湖休勞士卒收拾船隻爲進取臺灣之計下令戢一降卒抵

死諸島投戈者數千人皆厚恤之有欲歸見妻子者令小船送之降卒相謂曰軍門向我白骨矣死難報也歸共傳述之臺灣民衆莫不解体歸心惟恐王師之不蚤來也世子克塽與錫范國軒泣相謂曰民心既散誰與死守浮海而逃又無生路惟有求撫之者耳于是遣鄭平英林惟榮曽蜚朱紹熙賫乞撫書表于閏六月初八日至軍前且求聽居臺灣將軍曰削髪登岸煌煌 明旨也何故不遵且若軍不親到軍門遣代賫書表詐也爲緩兵計耳復令曽蜚朱紹熙面諭之

七月十五日世子復遣馬錫珪陳夢煒劉國昌馮錫
韓同曾蜚朱紹熙再至軍前一遵教令爲
明寧靖王術桂衮冕拜告祖宗從容投繯死于是
將軍令侍衛吳啟爵及筆帖式常在同馬錫環等
前經臺灣宣布德意且密察海上虛實情形侍衛
于七月十九夜再至安平鎮翼日見世子克塽謂
之曰足下退居島嶼原與三王不同三王謂吳耿
尚也三王國家叛臣也罪在不貫足下三世仗義
于海澨亦人之所難也今若向代歸德使海宇廓
清朝廷必有格外殊恩當不失爵禄也克塽曰待

召意及宗祐敢不唯命是聽見國軒曰澎湖之役天也非人也君今雖挫衄以歸而雄邁之風不衰島上之英傑惟君一人耳然所謂英傑者在識時務今大師臨門或戰或降決之一心足矣何必遲延觀望致誤大計耳國軒曰天威遠震波臣革面誰敢復有異志侍君但安坐以待必得約契以報軍門也蓋臺灣世子年幼內政馮錫范主之外政劉國軒主之錫范屬庸懦豎子進退無據故相持未決焉待衛復謂國軒曰築舍之謀終無成日但君令兵民遵制剃髮則大事可定矣國軒曰謹奉

教遂下令兵民剃髮錫范亦遂與世子遵繳冊印
而舉國納歸爲侍衛回報将軍将軍喜曰不待劳
師而傾國効順　朝廷之福也即令侍衛馳驛入
奏并繳歸誠冊印
九月初六日侍衛至京　朝廷召見特加慰劳因問
澎湖克捷事情侍衛披圖指畫備言渡海艱難藍
理等冒險進攻凡兩舉而後得之又言諸将士冒
刃用命摧鋒血戰之苦　朝廷爲之揮淚因諭
部臣閩師遠出海疆冒險勦寇非滇黔陸地可比
論功再加一等　朝廷又問臺灣事對曰臣至其

地視僞主幼未諳事國事盡委于馮錫范劉國軒錫范懦而無斷低徊猶豫其寔無能爲也劉國軒傾心歸命挾以必從之勢故臣淂畢其事而歸又問臺灣形勢侍衛條對甚悉閩提督重兵入險有虜否對曰海上既敗之衆莫與共命者但恐總督後至彼或議論不一搶掠而逃苦害朝廷之百姓耳謂其螳臂敢推拒轍必無之理 上悦因觧所

御龍袍并賦詩以賜提督加授靖海之將軍封爲靖海侯世襲以示酬庸焉

八月十五日施將軍統率大師至臺灣百姓壺漿相

縫于路海兵皆預製　清朝旗歸以侍克塽等以
次出謁皆謝不殺之恩将軍俱禮遇之
十月十七日　侍衛自京回至軍前啣　命申告軍
民莫不加額焉
部議以臺灣番民雜處山海要津設総兵一員副将
二員統水陸官兵一萬各鎮守之又設道官一員
一府三縣以統治百姓及番民衆府曰臺灣府附
郭為臺灣縣南路為鳳山縣北路為諸羅縣建置
既定經畫事竣
十一月初六日世子馮錫范劉國軒何祐等併眷口

登舟十一月初六日至泉州初七日往福省進京
十二月總督姚啟聖病死
克塽至京封為漢軍公弟克舉准開牛录叔鄭聰等俱以三品五品官食俸隨旗馮錫范劉國軒俱封伯國軒隨補天津衛總兵其子准開牛录
自丁亥永曆元年起至癸亥永曆三十七年止海上始末俱在于此以備採擇焉
取臺灣一節行文多以叙事兼議論而又多載諸人口中語與本録是兩樣筆今兩存之可也但于癸亥年下當增註清漳詹氏删補庶不相混耳